BUNTÚS CAINTE

FIRST STEPS IN SPOKEN IRISH

CÉIM A DÓ

A series of seventy further lessons
based on the results of linguistic
research as published in *Buntús
Gaeilge*

Planned and written by
TOMÁS Ó DOMHNALLÁIN

Illustrated by
WILLIAM BOLGER

 AN GÚM
BAILE ÁTHA CLIATH

An Chéad Chló
© Rialtas na hÉireann, 1967
© Foras na Gaeilge
Athchló 2010, 2012, 2013, 2015, 2017

Turner's Printing Co. Teo a chlóbhuail in Éirinn

ISBN 978-1-85791-560-0

Foilseacháin an Ghúim a Cheannach

Siopaí
An Siopa Leabhar (01) 478 3814
An Siopa Gaeilge (074) 973 0500
An Ceathrú Póilí (028) 90 322 811

Ar líne
www.litriocht.com
www.iesltd.ie
www.siopagaeilge.ie
www.cnagsiopa.com
www.siopa.ie
www.cic.ie

An Gúm, 7 Cearnóg Mhuirfean, Baile Átha Cliath 2

INTRODUCTION

This is the continuation of an easily graded course in Irish for beginners who will not have the advantage of a teacher's help. The content of the course has been carefully selected on the basis of normal daily conversational requirements as established by the scientific research which formed the basis for the recently published *Buntús Gaeilge*.

All reference to grammatical rules has been avoided in this course. The lessons follow a regular pattern, each containing five separate sections :—

     (i) new material
     (ii) six basic sentences
     (iii) revisionary sentences
     (iv) additional new material
     (v) conversational situation in which the material learned is used.

Ideally the course should be used with the aid of a recorded version of the Irish words and sentences. Such recordings are available, both on tapes and on records. The course also forms the basis of a special radio and television series produced by RTÉ.

Complete mastery of the material in the lessons will not be achieved unless it is used in speech outside the learning situation. The easiest way to do this is to take every opportunity of speaking the Irish you have learned to those who already know it. Why not start with the children ? Most of them have enough to be able to help you, and you will be helping them by supplying the incentive and the opportunity for them to use what they have learned in school.

Doing a little and doing it regularly is the secret of success.

bí *be*

bí	*be (gives an order to one person)*	bígí	*be (gives an order to more than one person)*
ná bí	*don't be (one person)*	ná bígí	*don't be (more than one person)*

dána *bold*
ciúin *quiet*

Ná bí dána anois.

Ná bígí dána anois.

Ná bí i bhfad anois.

Ná bígí i bhfad anois.

Ná bí ag troid anois.

Ná bígí ag troid anois.

Bígí ciúin anois, a leanaí.
Bí go maith anois, a Sheáin.
Ná bí ag caint ag an mbéile.
Bígí ar ais go luath anois.
Bígí ag imeacht anois.
Bígí anseo ar a dó a chlog.

Be quiet now, children.
Be good now, Seán.
Don't be talking during the meal.
Be back early now.
Be off with you now.
Be here at two o'clock.

libh   *with you (more than one person)*

cártaí	*cards*	ar mhaith libh ?	*would you like?*
cluiche cártaí	*a game of cards*	tabhair amach iad	*deal them*

A GAME OF CARDS

Nóra suggests a game of cards for the children.

NÓRA	Ar mhaith libh cluiche cártaí a imirt, a leanaí ?
MÁIRE	Ba mhaith, cinnte. Faigh thusa na cártaí, a Sheáin.
SEÁN	Faigh féin iad.
NÓRA	Ná habair go bhfuil sibh ag troid ! Bígí go maith anois.
MÁIRE	Níl a fhios agam cá bhfuil siad. Ní fhaca mé le tamall iad.
SEÁN	Is dóigh liom go bhfaca mé thuas anseo iad. Seo iad.
MÁIRE	An bhfuair tú iad ? Maith thú. Tabhair amach mar sin iad.

NÓRA	*Would you like to play a game of cards, children ?*
MÁIRE	*Yes, indeed. You get the cards, Seán.*
SEÁN	*Get them yourself.*
NÓRA	*Don't say you're fighting ! Be good now.*
MÁIRE	*I don't know where they are. I didn't see them for a while.*
SEÁN	*I think I saw them up here. Here they are.*
MÁIRE	*Did you get them ? Good. Deal them, so.*

cé ?	*who ?*
cén N a bhí ann ?	*what N was it (was there) ?*

an Satharn	(a) *Saturday*	sagart paróiste	*a parish priest*
garda	*a guard*	sáirsint	*a sergeant*

Cén t-am den lá a bhí ann ?
A trí a chlog.

Cén lá a bhí ann ?
An Satharn.

Cén duine a bhí ann ?
Seán.

Cén rud a bhí ann ?
An madra.

Cén sagart a bhí ann ?
An sagart paróiste.

Cén garda a bhí ann ?
An sáirsint.

Cén duine a d'imigh amach ansin ?	*Who went off out then ?*
Cén lá a chuir tú ann iad ?	*What day did you put them there ?*
Cén uair a chonaic tú iad ?	*What time did you see them ?*
Cén rud a dúirt tú ?	*What did you say ?*
Cén cluiche ba mhaith leat a imirt ?	*What game would you like to play ?*
Cén duine atá tinn ?	*What person is ill ?*

	chuige	*to him*	
timpeall	*around, about*	ainm	*a name*
i gcónaí	*always*	nua	*new*
tráthnóna inniu	*this evening*	cibé ainm atá air	*whatever his name is*

ILLNESS

Pádraig wonders if Nóra has heard how Séamas is.

PÁDRAIG	Ar chuala tú cén chaoi a bhfuil Séamas inniu ?
NÓRA	Níor chuala, ach chonaic mé an dochtúir ag dul siar chuige.
PÁDRAIG	Cén uair a chuaigh sé siar ?
NÓRA	Tráthnóna inniu. Timpeall a trí a chlog, is dócha.
PÁDRAIG	Cén dochtúir a bhí ann ?
NÓRA	An dochtúir nua sin, cibé ainm atá air.
PÁDRAIG	Is ea, eisean a théann i gcónaí anois chuige.

PÁDRAIG	*Did you hear how Séamas is today ?*
NÓRA	*No, but I saw the doctor going over to him.*
PÁDRAIG	*What time did he go over ?*
NÓRA	*This evening. About three o'clock, I suppose.*
PÁDRAIG	*Which doctor was it ?*
NÓRA	*That new doctor, whatever his name is.*
PÁDRAIG	*Oh, yes, he always goes to him now.*

7

céard ? *what ?*

céard é ? *what is it ?*

céard é sin ? *what's that ?*

céard a rinne tú ? *what did you do ?*

céard a tharla ? *what happened ?*

Céard a dúirt tú ?

Céard a rinne tú ?

Céard a chonaic tú ?

Céard a chuala tú ?

Céard a d'ith tú ?

Céard a d'ól tú ?

Céard a tharla duit ?	*What happened to you ?*
Céard a dúirt an máistir leat ?	*What did the master say to you ?*
Céard a chuir tú isteach ansin ?	*What did you put in there ?*
Céard a fuair tú ón siopa ?	*What did you get from the shop ?*
Céard a thug an duine sin duit ?	*What did that person give you ?*
Céard a chaith tú amach an t-am sin ?	*What did you throw out that time ?*

8

uaim   *from me*

ort	*on you*	peann luaidhe	*a pencil*
leis	*with it (him)*	thóg N	*N took*

AN ARGUMENT

The children are at lessons, and mammy puts a stop to an argument which develops.

NÓRA   Céard atá ort anois, a Sheáin?
SEÁN   Thóg Máire mo pheann luaidhe uaim.
NÓRA   An bhfuil a pheann luaidhe agat, a Mháire?
MÁIRE   Níor thóg mé uaidh é. Thug sé dom é.
NÓRA   Céard a rinne tú leis, más ea?
MÁIRE   D'fhág mé ar an mbord é.
NÓRA   Faigh anois é agus ná bígí ag troid.

NÓRA   *What's wrong with you now, Seán?*
SEÁN   *Máire took my pencil from me.*
NÓRA   *Have you his pencil, Máire?*
MÁIRE   *I didn't take it from him. He gave it to me.*
NÓRA   *What did you do with it, so?*
MÁIRE   *I left it on the table.*
NÓRA   *Get it now, and don't be fighting.*

9

beidh	will be
ní bheidh	won't be

dorcha	dark	amárach	tomorrow
geal	bright	ar ball	bye and bye, later on

Beidh sé fliuch ar ball.

Beidh sé tirim ar ball.

Beidh sé fuar ar ball.

Beidh sé te ar ball.

Beidh sé dorcha ar ball.

Beidh sé geal ar ball.

Ní bheidh sé fliuch amárach, le cuidiú Dé.	It won't be wet tomorrow, please God.
Beidh sé anseo amárach, is dócha.	He'll be here tomorrow probably.
Ní bheidh aon duine ansin ar a seacht a chlog.	No one will be there at seven o'clock.
Céard a bheidh agat ?	What will you have ?
Ní bheidh aon cheann anois agam.	I won't have any one now.
Beidh ceann eile agat ar ball.	You'll have another one later on.

tusa *you (emphatic)*

cinnte   *certainly, sure*   gur chuala tú *that you heard*

bí cinnte *be sure*   b'fhearr liom *I would prefer*

A CUP OF TEA

Máire hears her mother offer her father a cup of tea, and puts in a word for herself.

NÓRA   Ar mhaith leat cupán tae, a Phádraig?
PÁDRAIG   Ba mhaith, cinnte, má tá sé déanta agat.
MÁIRE   Céard a dúirt tú le daidí, a mhamaí?
NÓRA   Bí cinnte gur chuala tú mé!
MÁIRE   Beidh cupán tae agamsa freisin.
PÁDRAIG   Tá tú róbheag fós. Beidh gloine bhainne agat, b'fhéidir.
MÁIRE   Ach b'fhearr liom cupán tae.

NÓRA   *Would you like a cup of tea, Pádraig?*
PÁDRAIG   *I would indeed, if you have it made.*
MÁIRE   *What did you say to daddy, mammy?*
NÓRA   *Be sure you heard me!*
MÁIRE   *I'll have a cup of tea also.*
PÁDRAIG   *You're too small yet. You'll have a glass of milk, perhaps.*
MÁIRE   *But I'd prefer a cup of tea.*

11

	againn		*at us*
	beidh X againn		*we shall have X*

feoil	*meat*		iasc	*fish*
caoireoil	*mutton*		mairteoil	*beef*
muiceoil	*pork*		bagún	*bacon*

Beidh feoil againn amárach.

Beidh iasc againn amárach.

Beidh caoireoil againn amárach.

Beidh mairteoil againn amárach.

Beidh muiceoil againn amárach.

Beidh bagún againn amárach.

Céard a bheidh againn inniu ?	*What shall we have today ?*
Bhí iasc againn inné.	*We had fish yesterday.*
Bhí cluiche cártaí againn aréir.	*We had a game of cards last night.*
Cén lá atá ann inniu ?	*What day is today ?*
Níl scéala ar bith againn.	*We have no news.*
Beidh siad againn ar ball.	*We shall have them soon.*

le haghaidh *for*

le haghaidh an dinnéir	*for dinner*	ag argóint	*arguing*
is cuma liom	*I don't care*	ná	*than*

ANOTHER ARGUMENT

The children argue about what they would like for dinner.

SEÁN   Céard a bheidh againn le haghaidh an dinnéir inniu, a mhamaí ?

NÓRA   Beidh bagún againn, is dócha.

SEÁN   Ní maith liom bagún. Bhí sé againn inné.

MÁIRE   B'fhearr liomsa bagún ná rud ar bith eile.

SEÁN   Is cuma liom céard ba mhaith leatsa.

NÓRA   Bígí go maith anois agus ná bígí ag argóint. Bagún a bheidh againn, cibé ar bith.

SEÁN   *What will we have for dinner today, mammy ?*

NÓRA   *We'll have bacon, probably.*

SEÁN   *I don't like bacon. We had it yesterday.*

MÁIRE   *I'd prefer bacon to anything else.*

SEÁN   *I don't care what you would like.*

NÓRA   *Be good now and don't be arguing. Bacon we'll have anyway.*

13

cuir   *put*
ná cuir   *don't put*

Similarly

gabh	*go*	stop	*stop*
féach	*look*	inis	*tell*
fan	*wait, stay*	coinnigh	*keep*

Gabh amach nuair a deirim leat é.

Stop nuair a deirim leat é.

Féach céard a rinne tú anois.

Inis dom céard a rinne tú anois.

Fan cúpla nóiméad eile.

Coinnigh é cúpla nóiméad eile.

Ná cuir do bhróga ar an gcathaoir.	*Don't put your shoes on the chair.*
Ná fan rófhada san áit sin.	*Don't stay too long in that place.*
Ná féach ar an gceann sin, más é do thoil é.	*Don't look at that one, please.*
Féach ar an bhfear atá ag imeacht soir an bóthar.	*Look at the man going over the road.*
Ná coinnigh é rófhada anois.	*Don't keep it too long now.*
Ná hinis d'aon duine céard a dúirt mé.	*Don't tell anyone what I said.*

úr	*fresh, new*		bagún	*bacon*
timpeall	*about*		aon bhagún	*any bacon*
ar ball	*later on, bye and bye*		píosa bagúin	*a piece of bacon*

SHOPPING

Nóra is looking for a nice piece of bacon, but Cáit's stocks are low.

NÓRA   Ba mhaith liom píosa deas bagúin freisin, más é do thoil é.
CÁIT   Féach ar an bpíosa seo. Ar mhaith leat é ?
NÓRA   Níl an píosa sin rómhaith. An bhfuil píosa níos fearr agat ?
CÁIT   Níl aon bhagún eile againn anois. Ach beidh bagún úr ag teacht isteach ar ball.
NÓRA   Tá go maith. Coinnigh píosa deas dom mar sin.
CÁIT   Cinnte. Beidh sé againn timpeall a haon déag, is dócha.
NÓRA   Ceart go leor. Is féidir le Seán é a fháil dom. Níl sé ar scoil inniu.

NÓRA   *I would like a nice piece of bacon also, please.*
CÁIT   *Look at this piece. Would you like it ?*
NÓRA   *That piece isn't too good. Have you a better piece ?*
CÁIT   *We have no other bacon now. But fresh bacon will be coming in later on.*
NÓRA   *Good. Keep me a nice piece, so.*
CÁIT   *Certainly. We'll have it at about eleven, probably.*
NÓRA   *Right. Seán can get it for me. He's not at school today.*

cén X ? *what X ?*

cén fáth ?	*why ? (what reason ?)*	cén uair ?	*when ? (what time ?)*
cén chaoi ?	*how ? (what way ?)*	cén áit ?	*where ? (what place ?)*
cén t-ainm ?	*what name ?*	cén luach ?	*how much ? (what price ?)*

Cén fáth ar tháinig tú ?

Cén uair a tháinig tú ?

Cén chaoi a bhfuil tú ?

Cén áit a bhfuil tú ?

Cén t-ainm atá air ?

Cén luach atá air ?

Cén píosa cáca ab fhearr leat ?	*Which piece of cake would you prefer ?*
Cén ceann a bheidh againn amárach ?	*Which one shall we have to-morrow ?*
Cén fáth a bhfuil sé chomh mall?	*Why is he so late ?*
Cén rud atá anseo againn ?	*What have we got here ?*
Cén duine a tháinig isteach cúpla nóiméad ó shin ?	*Who came in a couple of minutes ago ?*
Cén uair a bheidh an dinnéar againn ?	*What time shall we have dinner ?*

uait *from you*

an Chéadaoin	(*a*) *Wednesday*	Satharn	*Saturday*
cén rud atá uait ?	*what do you want ?*	fanfaidh mé	*I'll wait*

VISITING TOWN

At breakfast Nóra broaches the possibility of going to town.

NÓRA   Cén lá atá ann inniu ar chor ar bith ?
PÁDRAIG   Inniu an Chéadaoin. Cén fáth ?
NÓRA   Ba mhaith liom dul go dtí an baile mór lá éigin.
PÁDRAIG   Cén rud atá uait anois ?
NÓRA   Caithfidh mé éadaí a cheannach.
PÁDRAIG   Nach féidir leat dul ann inniu ?
NÓRA   Fanfaidh mé go Satharn, is dóigh liom.

NÓRA   *What day is today, at all ?*
PÁDRAIG   *Today is Wednesday. Why ?*
NÓRA   *I'd like to go to town some day.*
PÁDRAIG   *What do you want now ?*
NÓRA   *I must buy clothes.*
PÁDRAIG   *Can't you go today ?*
NÓRA   *I'll wait until Saturday, I think.*

an bhfuil siad déanta agat ?	*have you done them ?*
tá siad déanta agam	*I have done them*

caillte	*lost*	faighte	*found, got*
briste	*broken*	críochnaithe	*finished*
scríofa	*written*	ráite	*said*

An bhfuil siad caillte agat ?

An bhfuil siad faighte agat ?

An bhfuil siad briste agat ?

An bhfuil siad críochnaithe agat ?

An bhfuil siad scríofa agat ?

An bhfuil siad ráite agat ?

Tá sé ráite agam anois !	*I've said it now !*
Beidh siad críochnaithe agam ar ball.	*I shall have them finished later on.*
Níl an obair déanta aige fós.	*He hasn't done the work yet.*
Cén rud atá caillte agat ?	*What have you lost ?*
Féach céard atá scríofa aige !	*Look what he has written !*
An bhfuil feoil faighte le haghaidh an dinnéir ?	*Has meat been got for the dinner ?*

an chéad X	*the first X*

an chéad uair eile	*next time*	mharaigh	*killed, caught (of fish)*
ag iascaireacht	*fishing*	breac	*a trout*
éisc	*(of) fish*	abhainn	*a river*

FISHING

Pádraig is proud of the fine trout he has caught.

PÁDRAIG	Féach céard atá faighte agam, a Nóra!
NÓRA	Iasc mór! Cén áit a bhfuair tú é?
PÁDRAIG	Mharaigh mé san abhainn é, ar ndóigh.
NÓRA	Go maith. Beidh sé againn le haghaidh an dinnéir amárach.
MÁIRE	Cén sórt éisc é, a dhaidí?
PÁDRAIG	Is breac é. Nach bhfuil sé breá mór?
SEÁN	Ba mhaith liom dul ag iascaireacht leat an chéad uair eile, a dhaidí.

PÁDRAIG	*Look what I've got, Nóra!*
NÓRA	*A big fish! Where did you get it?*
PÁDRAIG	*I caught it in the river, of course.*
NÓRA	*Good. We'll have it for dinner tomorrow.*
MÁIRE	*What kind of fish is it, daddy?*
PÁDRAIG	*It's a trout. Isn't it fine and big?*
SEÁN	*I'd like to go fishing with you next time, daddy.*

19

an mbeidh N ?		*will N be ?*	
go ceann		*until the end (of), for*	
nóiméid	*(of) a minute*	tamaill	*(of) a while*
seachtaine	*(of) a week*	coicíse	*(of) a fortnight*
míosa	*(of) a month*	bliana	*(of) a year*

Nach mbeidh tú anseo go ceann nóiméid ?

Nach mbeidh tú anseo go ceann tamaill ?

Nach mbeidh tú anseo go ceann seachtaine ?

Nach mbeidh tú anseo go ceann coicíse ?

Nach mbeidh tú anseo go ceann míosa ?

Nach mbeidh tú anseo go ceann bliana ?

Beidh mé anseo go ceann tamaill anois.	*I shall be here for a while now.*
Ní bheidh mé ar ais ag obair go ceann seachtaine.	*I shall not be back at work for a week.*
Nach mbeidh siad ag fanacht anseo go ceann míosa ?	*Won't they be staying here for a month ?*
Ní bheidh aon duine ann go ceann coicíse.	*No one will be there for a fortnight.*
Ní bheidh sé críochnaithe aige go ceann tamaill.	*He won't have it finished for a while.*
Cén luach atá scríofa air ?	*What price is written on it ?*

caithfimid *we must, we will have to*

bruite	*cooked*	foighne	*patience*
ar aon chuma	*anyway*	foighne ort !	*have patience !*

A HUNGRY BOY

*Seán is hungry, but his mother is quite prepared to delay dinner until
father arrives.*

SEÁN	Nach bhfuil an dinnéar réidh fós, a mhamaí ?
NÓRA	Ní bheidh sé réidh go ceann tamaill eile.
SEÁN	Cén fáth, a mhamaí ?
NÓRA	Níl an t-iasc bruite fós. Caithfimid fanacht le daidí, ar aon chuma.
MÁIRE	Ní bheidh seisean ag teacht abhaile go ceann tamaill.
SEÁN	Gabh amach agus féach an bhfuil sé ag teacht.
NÓRA	Foighne ort ! Beidh sé ag teacht ar ball.

SEÁN	*Isn't dinner ready yet, mammy ?*
NÓRA	*It won't be ready for another while.*
SEÁN	*Why, mammy ?*
NÓRA	*The fish isn't done yet. We must wait for daddy, anyway.*
MÁIRE	*He won't be coming home for a while.*
SEÁN	*Go out and see if he's coming.*
NÓRA	*Have patience ! He'll be coming bye and bye.*

thosaigh N	*N began*
lean N	*N continued*

thosaigh mé	*I began*	ar thosaigh tú ?	*did you begin ?*
níor thosaigh mé	*I didn't begin*	nár thosaigh tú ?	*didn't you*
ag éirí	*getting up,*		*begin ?*
	rising	ag fás	*growing*

Níor thosaigh siad ag éirí fós.

Níor thosaigh siad ag fás fós.

Níor thosaigh siad ag teacht fós.

Níor thosaigh siad ag imeacht fós.

Níor thosaigh siad ag ithe fós.

Níor thosaigh siad ag damhsa fós.

Nár thosaigh na fir ag obair fós ?	*Didn't the men begin to work yet ?*
Níor lean sé air ag caint ansin.	*He didn't continue talking then.*
Lean Tomás de bheith ag ithe a bhricfeasta.	*Tomás continued eating his breakfast.*
Lean sé de bheith ag ól.	*He continued drinking.*
Níor lean sibh i bhfad den obair.	*You didn't continue working for long.*
Nach ndeachaigh tú ag imirt leo ?	*Didn't you go playing with them ?*

thiar   *west, back there*

taobh thiar de	*behind*	ag baint	*cutting*
ag baint féir	*cutting grass*	b'fhéidir gur	*perhaps (it) is*

LOOKING FOR DADDY

Seán wonders where daddy has got to.

SEÁN	Cá bhfuil daidí, an bhfuil a fhios ag aon duine?
NÓRA	Thosaigh sé ag obair amuigh ansin tar éis an dinnéir.
SEÁN	Cén áit, an dóigh leat?
NÓRA	Sa pháirc taobh thiar den teach, sílim.
MÁIRE	Bhí sé ag baint féir ansin tamall ó shin.
SEÁN	Ní fheicim thiar sa pháirc anois é.
NÓRA	Is dócha go bhfuil an obair sin críochnaithe aige anois. B'fhéidir gur sa ghairdín atá sé.

SEÁN	*Where's daddy, does anyone know?*
NÓRA	*He began work outside there after dinner.*
SEÁN	*Where, do you think?*
NÓRA	*In the field behind the house, I think.*
MÁIRE	*He was cutting grass there a while ago.*
SEÁN	*I don't see him back there in the field now.*
NÓRA	*I suppose he has finished that work now. Perhaps he's in the garden.*

23

ar feadh   *during, for*

abhus	*over here, on this side*	thall	*over there, on the other side*
d'fhan N	*N stayed, remained*	seas	*stand*

D'fhan siad abhus anseo ar feadh seachtaine.

D'fhan siad thall ansin ar feadh seachtaine.

D'fhan siad ábhus anseo ar feadh coicíse.

D'fhan siad thall ansin ar feadh coicíse.

D'fhan siad abhus anseo ar feadh míosa.

D'fhan siad thall ansin ar feadh míosa.

Thall agus abhus.

Fan abhus liom go ceann tamaill.

Caithfimid fanacht abhus anseo anois.

Seas abhus anseo go ceann nóiméid.

Bhí sé ag baint féir abhus anseo inné.

Fan thall ag an doras go ceann tamaill.

Here and there.

Stay on this side with me for a while.

We'll have to stay over here now.

Stand over here on this side for a minute.

He was cutting grass over on this side yesterday.

Wait over there at the door for a while.

bíodh	let there be
ná bíodh	let there not be

an tsláinte	the health	deifir	hurry
i gceann	at the end (of), after	tosóidh	will begin

RECOVERED

Cáit welcomes Séamas back to her shop after his illness.

CÁIT   Maise, fáilte romhat ar ais, a Shéamais !
SÉAMAS   Go raibh maith agat, a Cháit.
CÁIT   Is fada anois ó bhí tú abhus anseo sa siopa.
SÉAMAS   Is fada, cinnte. Ní raibh an tsláinte go rómhaith agam.
CÁIT   Beidh tú níos fearr anois nuair atá an geimhreadh thart.
SÉAMAS   Beidh, le cuidiú Dé. Tosóidh mé ag obair arís i gceann
           seachtaine.
CÁIT   Ná bíodh aon deifir ar ais ag obair ort.

CÁIT   *Indeed, you're welcome back, Séamas !*
SÉAMAS   *Thanks, Cáit.*
CÁIT   *It's a long time now since you were over here in the shop.*
SÉAMAS   *It is, indeed. My health wasn't too good.*
CÁIT   *You'll be better now that winter is over.*
SÉAMAS   *I will, please God. I will begin work again after a week.*
CÁIT   *Don't be in any hurry back to work.*

ina luí   *lying, in bed*

ar an talamh	*on the ground*	ar an bhféar	*on the grass*
ar an trá	*on the strand*	ar an gcarraig	*on the rock*
ar an sliabh	*on the mountain*	ar an gcnoc	*on the hill*

Tá sé ina luí ar an talamh.

Tá sé ina luí ar an bhféar.

Tá sé ina luí ar an trá.

Tá sé ina luí ar an gcarraig.

Tá sé ina luí ar an sliabh.

Tá se ina luí ar an gcnoc.

Cá raibh sé ina luí ?	*Where was he lying ?*
Bhí sé ina luí ag an doras.	*It was lying at the door.*
Cé a bhí ina luí ansin ?	*Who was lying there ?*
Bhí sé ina luí taobh thiar den doras.	*It was lying behind the door.*
Fuair mé ina luí ar an talamh é.	*I found it lying on the ground.*
D'fhan sé ina luí lá nó dhó.	*He stayed in bed for a day or two.*

26

níos fearr *better*

ar feadh tamaill *for a while* (*in the past*) abair é ! *say it!* (*that's right !*)

GOSSIP

Nóra has finished her shopping and Cáit introduces the topic of Séamas's health.

CÁIT An bhfuil aon rud eile uait anois, a Nóra ?
NÓRA Is dóigh liom go bhfuil gach rud faighte agam anois.
CÁIT Bhí Séamas abhus anseo inné. Tosóidh sé ag obair arís i gceann seachtaine eile.
NÓRA Is maith sin. Bhí sé ina luí ar feadh tamaill fhada.
CÁIT Bhí, maise. Ach tá sé níos fearr anois.
NÓRA Is maith an rud an tsláinte a bheith ag duine.
CÁIT Abair é ! Níl rud níos fearr ná í.

CÁIT *Do you want anything else now, Nóra ?*
NÓRA *I think I have got everything now.*
CÁIT *Séamas was over here yesterday. He'll begin work again after another week.*
NÓRA *That's good. He was in bed for a long time.*
CÁIT *He was indeed. But he's better now.*
NÓRA *It's a great thing to have your health.*
CÁIT *That's right. There's nothing better than it.*

27

leath   *a half*

pingin	*a penny*	coróin	*a crown*
punt	*a pound*	cloch	*a stone*
nóiméad	*a minute*	uair	*an hour*

déanfaidh   *will do, will make*
déanfaidh sé gnó   *it will do, it will be sufficient*

Déanfaidh leathphingin gnó.

Déanfaidh leathchoróin gnó.

Déanfaidh leathphunt gnó.

Déanfaidh leathchloch gnó.

Déanfaidh leathnóiméad gnó.

Déanfaidh leathuair gnó.

Déanfaidh sé seo gnó.	*This will suit.*
Déanfaidh rud ar bith gnó.	*Anything at all will do.*
Déanfaidh an ceann sin ar an talamh gnó.	*That one on the ground will do.*
Ní dhéanfaidh punt amháin gnó.	*One pound will not do.*
Déanfaidh an leathchoróin gnó go ceann tamaill.	*The half-crown will do for a while.*
An ndéanfaidh ceann amháin gnó ?	*Will one do ?*

28

le (*with*), *for*

le cúpla lá	*for a couple of days*	scéala	*news*
	(*past*)	as baile	*away from home*
ná	*nor*		

BACK AGAIN !

Pádraig is glad to see Séamas return to his old haunts.

PÁDRAIG	Maise, fáilte romhat ar ais, a Shéamais.
SÉAMAS	Go raibh maith agat. An bhfuil scéala ar bith agat ?
PÁDRAIG	Níl ná scéala. An mbeidh pionta agat ?
SÉAMAS	Ní bheidh ná pionta. Déanfaidh leathphionta gnó.
PÁDRAIG	A Cháit, tabhair leathphionta do Shéamas, más é do thoil é.
SÉAMAS	Bhí mé abhus anseo tráthnóna, ach ní fhaca mé thú.
PÁDRAIG	Ní raibh mé anseo le cúpla lá. Bhí mé as baile le tamall.

PÁDRAIG	*Welcome back, Séamas.*
SÉAMAS	*Thanks. Any news ?*
PÁDRAIG	*No indeed. Will you have a pint ?*
SÉAMAS	*I will not, then. Half a pint will do me.*
PÁDRAIG	*Cáit, give Séamas half a pint, please.*
SÉAMAS	*I was over here this evening, but I didn't see you.*
PÁDRAIG	*I wasn't here this couple of days. I was away from home a while.*

29

le (déanamh) *to (do), to be (done)*

le fáil *to get, to be got*
le cur *to plant, to be planted*
le díol *to sell, to be sold*

le feiceáil *to see, to be seen*
le baint *to reap, to be reaped*
le ceannach *to buy, to be bought*

ní bheidh sé le fáil againn

we won't be able to get it,
we won't have to get it

Ní bheidh sé le fáil againn go ceann seachtaine eile.

Ní bheidh sé le feiceáil againn go ceann seachtaine eile.

Ní bheidh sé le cur againn go ceann seachtaine eile.

Ní bheidh sé le baint againn go ceann seachtaine eile.

Ní bheidh sé le díol againn go ceann seachtaine eile.

Ní bheidh sé le ceannach againn go ceann seachtaine eile.

Ní raibh pingin le fáil agam.
Tá cúpla ceann le díol aige fós.
Tá an féar le baint.
Nach bhfuil aon rud eile le déanamh agat ?
Céard atá le rá agat anois ?
Tá cúpla punt eile le díol agat fós.

I couldn't get a penny.
He has a couple to sell yet.
The grass is to be cut.
Have you nothing else to do ?

What have you to say now ?
You have another couple of pounds to pay yet.

tabharfaidh	*will give, will bring*		
an dtabharfaidh N ?	*will N give ? will N bring ?*		

leathbhróg	*one boot (of a pair), one shoe*	le deisiú	*to mend, to be mended*
Dé Sathairn seo chugainn		déanfaidh sé sin gnó	
	next Saturday		*that will do*
chuig	*to*	an gréasaí	*the shoemaker*

SHOES TO MEND

Nóra notices that Pádraig's shoe requires mending.

PÁDRAIG   An dtabharfaidh tú na bróga sin dom, más é do thoil é?
NÓRA   Feicim go bhfuil an leathbhróg seo caite.
PÁDRAIG   Tá, maise. Tá an dá cheann le deisiú, féach.
NÓRA   Beidh siad le cur chuig an ngréasaí, is dócha.
PÁDRAIG   Beidh. An mbeidh aon duine ag dul an bealach sin go luath?
NÓRA   Tabharfaidh Seán chuige iad Dé Sathairn seo chugainn.
PÁDRAIG   Déanfaidh sé sin gnó.

PÁDRAIG   *Will you give me those shoes, please?*
NÓRA   *I see this shoe is worn.*
PÁDRAIG   *It is, indeed. Both of them need mending, look.*
NÓRA   *They'll have to be sent to the shoemaker, I suppose.*
PÁDRAIG   *They will. Will anyone be going in that direction soon?*
NÓRA   *Seán will bring them to him next Saturday.*
PÁDRAIG   *That will do.*

chuala sé	*he heard*		mharaigh sé	*he killed, caught (a fish)*
d'fhan sé	*he waited*		d'fhág sé	*he left*
rug sé ar	*he caught*		d'ith sé	*he ate*
an luch	*the mouse*		ar an urlár	*on the floor*
an poll	*the hole*		ag an bpoll	*at the hole*

Chuala an cat an luch ag teacht. D'fhan sé ag an bpoll.

Rug sé ar an luch. Mharaigh sé í.

D'fhág sé ar an urlár í. D'ith sé ansin í.

Ar chuala tú an luch aréir ?

Did you hear the mouse last night ?

Cé a mharaigh an t-iasc sin ? *Who caught that fish ?*
Cé a d'fhág an bhróg ar an urlár ? *Who left the boot on the floor ?*
D'fhág sé agam é lena dhíol. *He left it with me to be sold.*
D'fhan sé abhus ar feadh cúpla lá. *He stayed on this side for a couple of days.*
D'ith sé tar éis tamaill é. *He ate it after a while.*

agaibh *at you (more than one person)*
agaibhse *ditto (emphatic)*

na lucha	*the mice*	na francaigh	*the rats*
cáise	*(of) cheese*	mo léan !	*alas ! goodness !*

MICE

Cáit is annoyed to find the mice have been at the cheese in the shop.

NÓRA An dtabharfaidh tú leathphunt cáise dom freisin, más é do
thoil é ?
CÁIT Tabharfaidh, cinnte. Mo léan! féach an píosa seo ite ag na
lucha.
NÓRA Tá na lucha le fáil i ngach áit, maise.
CÁIT An bhfuil siad sa teach agaibhse freisin ?
NÓRA Tá, cinnte. Mharaigh an cat dhá cheann le cúpla lá.
CÁIT Rug mé ar chúpla ceann anseo freisin an tseachtain seo.
NÓRA Beidh siad ann i gcónaí. Is fearr iad ná na francaigh, ar aon
chuma.

NÓRA *Will you give me a half pound of cheese also, please ?*
CÁIT *I will, surely. Goodness ! look at this piece eaten by mice.*
NÓRA *The mice are everywhere, indeed.*
CÁIT *Have you got them in the house too ?*
NÓRA *We have, indeed. The cat killed two in the last couple of days.*
CÁIT *I caught a couple here too this week.*
NÓRA *They'll be always there. They are better than the rats, anyway.*

33

táim (=tá mé)   *I am*
nílim (=níl mé)   *I am not*

chomh ramhar le	*as fat as*	chomh tanaí le	*as thin as*
chomh leathan le	*as broad as*	chomh caol le	*as slender as*
chomh sean le	*as old as*	chomh hóg le	*as young as*

Nílim chomh ramhar leis-sean.

Nílim chomh tanaí leis-sean.

Nílim chomh leathan leis-sean.

Nílim chomh caol leis-sean.

Nílim chomh hóg leis-sean.

Nílim chomh sean leis-sean.

Táim chomh maith le duine ar bith eile.

I'm as good as anyone else.

Tá tú chomh mór leis an teach.

You're as big as the house.

Nílim chomh dona sin anois.

I'm not that bad now.

Tá siad chomh hard le crann.

They're as tall as a tree.

Tá sé chomh te leis an samhradh

It's as warm as summer.

Níl aon duine chomh maith leat féin.

There's no one as good as yourself.

		beirt	*two people*

don bheirt agaibh	*to you both*	stopaigí	*stop (more than one person)*
buille	*a slap, a blow*	argóint	*an argument*

MORE ARGUMENTS

Nóra makes peace between the children who are arguing about lessons.

NÓRA   Cén argóint atá ar siúl anois? Nach bhfuil ceachtanna le déanamh agaibh?

SEÁN   Dúirt sí go raibh mo leabhar salach. Agus níl.

MÁIRE   Tá sé salach. Féach air sin, a mhamaí.

SEÁN   Tá sé chomh glan le do cheannsa.

MÁIRE   Agus fuair tú buille inné mar bhí do cheachtanna salach agat.

SEÁN   Táim chomh maith leatsa, cibé ar bith.

NÓRA   Stopaigí anois nó tabharfaidh mise buille don bheirt agaibh.

NÓRA   *What arguing is going on now? Haven't you lessons to do?*

SEÁN   *She said my book was dirty. And it's not.*

MÁIRE   *It is dirty. Look at that, mammy.*

SEÁN   *It's as clean as yours.*

MÁIRE   *And you got a slap yesterday because your exercise was dirty.*

SEÁN   *I'm as good as you, anyway.*

NÓRA   *Stop now or I'll slap both of you.*

cuireadh *was put*	briseadh *was broken*
tógadh *was taken*	tugadh *was given*

ar cuireadh N ? *was N put ? etc.*	níor cuireadh N *N was not put, etc.*

bonn	*a base, tyre, sole*	barr	*top*
péint	*paint*	páipéar	*paper*
cos	*a foot, handle*	taobh	*a side*

Cuireadh bonn úr air.

Cuireadh barr úr air.

Cuireadh péint úr air.

Cuireadh páipéar úr air.

Cuireadh cos úr ann.

Cuireadh taobh úr ann.

Cuireadh poll mór ann.	*A big hole was put in it.*
Ar cuireadh na bróga chuig an ngréasaí ?	*Were the shoes sent to the shoemaker ?*
Níor cuireadh fós iad.	*They weren't sent yet.*
Briseadh an ceann sin cúpla lá ó shin.	*That one was broken a couple of days ago.*
Níor tógadh as an mála é.	*It wasn't taken out of the bag.*
Tugadh cúpla pingin don fhear bocht.	*The poor man was given a couple of pence.*

roth	*a wheel*	chuig an ngaráiste	*to the garage*
roth breise	*a spare wheel*	crua	*hard*

A PUNCTURE

Pádraig is working on the car and Seán comes to help.

SEÁN	Céard a tharla don charr, a dhaidí?
PÁDRAIG	Tháinig poll sa roth agus tá sé le deisiú.
SEÁN	An féidir leat féin é a dhéanamh?
PÁDRAIG	Ní féidir, maise. Tabharfaidh mé chuig an ngaráiste é.
SEÁN	An féidir liom cuidiú leat?
PÁDRAIG	Tóg amach an roth breise, mar a dhéanfadh buachaill maith.
SEÁN	Seo é. Tá sé crua go leor, cibé ar bith.

SEÁN	*What happened to the car, daddy?*
PÁDRAIG	*The wheel got punctured and requires mending.*
SEÁN	*Can you do it yourself?*
PÁDRAIG	*Indeed I can't. I'll bring it to the garage.*
SEÁN	*Can I help you?*
PÁDRAIG	*Take out the spare wheel, like a good boy.*
SEÁN	*Here it is. It's hard enough, anyway.*

37

CEACHT 78

| cuirfidh | *will put* |
| fanfaidh | *will stay* |

an gcuirfidh tú ? *will you put ?*   nach gcuirfidh sé ? *will he not put ?*

cuirfidh mé   *I will put*   ní chuirfidh sé   *he will not put*

canna *can*	buicéad *bucket*
citeal *kettle*	báisín *basin*
ciseán *basket*	babhla *bowl*

An gcuirfidh tú sa channa é ?

An gcuirfidh tú sa bhuicéad é ?

An gcuirfidh tú sa chiteal é ?

An gcuirfidh tú sa bháisín é ?

An gcuirfidh tú sa chiseán é ?

An gcuirfidh tú sa bhabhla é ?

An gcuirfidh mé isteach anois iad ?   *Will I put them in now ?*

Cuirfidh mé na cinn seo sa charr.   *I'll put these ones in the car.*

An gcuirfidh mé ceann eile chuige ?   *Shall I send him another one ?*

Ní chuirfidh mé isteach sa teach iad.   *I shall not put them in the house.*

Fanfaidh mé anseo go ceann tamaill.   *I shall stay here for a while.*

Ní fhanfaidh sé leat.   *He won't wait for you.*

38

linn *with us*

is féidir linn	*we can*	na pictiúir	*the pictures*
ar siúl	*going on*	go bhfeicfidh mé	*till I see*

GOING OUT

Nóra feels like going out tonight, so Pádraig must agree.

NÓRA   M'anam go bhfuil rud éigin orm anocht, a Phádraig. Táim tuirseach ó bheith sa teach.

PÁDRAIG   Ar mhaith leat dul amach, mar sin ?

NÓRA   Ba mhaith go deimhin. Céard is féidir linn a dhéanamh ?

PÁDRAIG   Tabharfaidh mé chuig na pictiúir thú.

NÓRA   Níl a fhios agam an bhfuil pictiúr maith ar siúl ?

PÁDRAIG   Tabhair dom an páipéar go bhfeicfidh mé.

NÓRA   Seo duit. Cuirfidh mé cóta agus hata orm, ar aon chuma.

NÓRA   *You know there's something wrong with me tonight, Pádraig. I'm tired of being in the house.*

PÁDRAIG   *Would you like to go out, so ?*

NÓRA   *I would indeed. What can we do ?*

PÁDRAIG   *I'll bring you to the pictures.*

NÓRA   *I don't know if there's a good picture on ?*

PÁDRAIG   *Give me the paper until I see.*

NÓRA   *Here you are. I'll put on my hat and coat, anyway.*

is maith liom   *I like*
ní maith liom   *I don't like*

bagún	*bacon*	prátaí	*potatoes*
feoil	*meat*	brioscaí	*biscuits*
cabáiste	*cabbage*	oráistí	*oranges*

Ní maith liom bagún.

Ní maith liom prátaí.

Ní maith liom feoil.

Ní maith liom brioscaí.

Ní maith liom cabáiste.

Ní maith liom oráistí.

Ní maith le Seán tae.	*Seán doesn't like tea.*
Is maith leis gach rud milis.	*He likes everything sweet.*
Is maith léi an hata sin.	*She likes that hat.*
Ar mhaith leat an ceann seo ?	*Would you like this one ?*
Is maith leo brioscaí.	*They like biscuits.*
Ní maith le daidí iad.	*Daddy doesn't like them.*

deacair *difficult, hard*

caoireoil	*mutton*	blasta	*nice (to taste), tasty*
cur suas leis	*to put up with it*	(thú) a shásamh	*to satisfy (you)*

HARD TO PLEASE

Nóra is serving dinner to the children but Máire does not like her meat.

NÓRA   An bhfuil go leor ag an mbeirt agaibh anois, a pháistí ?

SEÁN   Is maith liom an fheoil sin. An dtabharfaidh tú píosa eile dom, más é do thoil é ?

MÁIRE   Ní maith liomsa ar chor ar bith í.

NÓRA   Céard atá uait ? Nach bhfuil sí blasta ?

SEÁN   Tá sí blasta. Ná bac léi, a mhamaí.

MÁIRE   B'fhearr liom bagún ná caoireoil.

NÓRA   Nach deacair thú a shásamh ! Caithfidh tú cur suas leis sin anois.

NÓRA   *Have you both enough now, children ?*

SEÁN   *I like that meat. Will you give me another piece, please ?*

MÁIRE   *I don't like it at all.*

NÓRA   *What do you want ? Isn't it nice ?*

SEÁN   *It is nice. Don't mind her, mammy.*

MÁIRE   *I'd prefer bacon to mutton.*

NÓRA   *Isn't it hard to please you ! You must put up with that now.*

feicfidh *will see*

| an bhfeicfidh tú ? | *will you see ?* | nach bhfeicfidh sé ? | *won't he see ?* |
| feicfidh mé | *I will see* | ní fheicfidh sé | *he won't see* |

Dé Domhnaigh	(*on*) *Sunday*	Dé Luain	(*on*) *Monday*
Dé Máirt	(*on*) *Tuesday*	Dé Céadaoin	(*on*) *Wednesday*
Déardaoin	(*on*) *Thursday*	Dé hAoine	(*on*) *Friday*
		Dé Sathairn	(*on*) *Saturday*

An bhfeicfidh tú Dé Domhnaigh é ?

An bhfeicfidh tú Dé Luain é ?

An bhfeicfidh tú Dé Máirt é ?

An bhfeicfidh tú Dé Céadaoin é ?

An bhfeicfidh tú Déardaoin é ?

An bhfeicfidh tú Dé hAoine é ?

Feicfidh mé amárach thú.	*I'll see you tomorrow.*
Ní fheicfidh mé go ceann cúpla lá é.	*I won't see him for a couple of days.*
Nach bhfeicfidh tú Seán ann ?	*Won't you see Seán there ?*
Ní fheicfidh mé go dtí Déardaoin thú.	*I won't see you until Thursday.*
Feicfidh tú ón áit seo é.	*You'll see it from here.*
Ní fheicfidh aon duine san áit seo thú.	*No one will see you here.*

		uaidh	*from him*
		uait	*from you*
fan	*wait*	fear an aráin	*the breadman*
c(h)eannóidh	*will buy*	builín	*a loaf*

THE BREADMAN

Nóra hears a knock and sends Seán to answer the door.

Nóra   Rith go dtí an doras, a Sheáin, go bhfeicfidh tú cé atá ann.

Seán   Fear an aráin atá ann. Cá mhéad builín a cheannóidh mé uaidh?

Nóra   Faigh dhá cheann, más é do thoil é.

Seán   An bhfuil aon rud eile uait?

Nóra   Níl. Fan go bhfeicfidh mé an bhfuil airgead agam.

Seán   Seo é do mhála. Cá mhéad a bheidh ar an dá bhuilín?

Nóra   Beidh trí scilling agus réal orthu. Seo duit ceithre scilling.

Nóra   *Run to the door, Seán, and see who is there.*

Seán   *It's the breadman. How many loaves will I buy from him?*

Nóra   *Get two, please.*

Seán   *Do you want anything else?*

Nóra   *No. Wait until I see if I have money.*

Seán   *Here's your bag. How much will the two loaves be?*

Nóra   *Three and sixpence. Here's four shillings.*

beagán *a little*

iarr air	*ask him (for)*	táim ag iarraidh air	*I'm asking him (for)*
d'iarr mé air	*I asked him (for)*	rud a iarraidh	*to ask (for) a thing*

beagán tobac	*a little tobacco*	beagán bia	*a little food*
beagán aráin	*a little bread*	beagán feola	*a little meat*
beagán airgid	*a little money*	beagán ama	*a little time*

Iarr air beagán tobac a thabhairt duit.

Iarr air beagán bia a thabhairt duit.

Iarr air beagán aráin a thabhairt duit.

Iarr air beagán feola a thabhairt duit.

Iarr air beagán airgid a thabhairt duit.

Iarr air beagán ama a thabhairt duit.

D'iarr sé beagán airgid orm.
He asked me for a little money.

Bhí siad ag iarraidh orm é a dhéanamh.
They were asking me to do it.

Ní maith liom aon rud a iarraidh air.
I don't like to ask him for anything.

Fan go bhfeicfidh mé an bhfuil beagán de agam.
Wait until I see if I have a little of it.

Is féidir linn cur suas le beagán de sin.
We can put up with a little of that.

Ceannóidh mé beagán feola don chat.
I'll buy a little meat for the cat.

orainn *on us*

labhair sé   *he spoke*   mórán airgid *much money*
bail ó Dhia air   *God bless him*   beagán éigin *some little (amount)*

MONEY

Nóra and Cáit discuss the priest's lecture as they walk home from Mass.

NÓRA   Labhair an sagart go maith inniu.
CÁIT   Nár labhair anois ? Is deas an fear é, bail ó Dhia air.
NÓRA   Is fada anois ó d'iarr sé airgead orainn.
CÁIT   Níor iarr sé mórán airgid orainn riamh.
NÓRA   Agus tabharfaidh daoine dó anois é, fan go bhfeicfidh tú.
CÁIT   Tabharfaidh cinnte. Tabharfaidh gach duine beagán éigin dó.
NÓRA   Caithfidh gach duine cuidiú a thabhairt.

NÓRA   *The priest spoke well today.*
CÁIT   *Didn't he now ? He's a nice man, God bless him.*
NÓRA   *It's long now since he asked us for money.*
CÁIT   *He never asked us for much money.*
NÓRA   *And people will give it to him now, wait till you see.*
CÁIT   *They will indeed. Everyone will give him some little amount.*
NÓRA   *Everyone must help.*

45

suí	sitting, to sit
seasamh	standing, to stand

fuinneog	a window		lampa	a lamp
scáthán	a mirror		solas	light

Táim i mo shuí faoin bhfuinneog.

Táim i mo sheasamh faoin gclog.

Tá tú i do shuí faoin scáthán.

Tá tú i do sheasamh faoin bpictiúr.

Tá sé ina shuí faoin lampa.

Tá sé ina sheasamh faoin solas.

Ní maith liom a bheith i mo shuí.	*I don't like sitting.*
B'fhearr leis a bheith ina sheasamh.	*He would prefer to stand.*
Cé a bhí ina shuí anseo ?	*Who was sitting here ?*
Iarr air seasamh faoin solas.	*Ask him to stand under the light.*
Feicfidh tú ina shuí ansin arís é Dé Domhnaigh.	*You'll see him sitting there again on Sunday.*
Is deacair a bheith i do sheasamh an lá ar fad.	*It's hard to be standing all day.*

níos mó	bigger, larger		
fiú	worth	leag	knocked down
rachaidh	will go	braon	a drop

GOOD NEIGHBOURS

Séamas runs short of milk and calls to Nóra to borrow some.

SÉAMAS   Dia anseo isteach!

NÓRA   Fáilte romhat, a Shéamais! Tar isteach agus suigh ag an tine.

SÉAMAS   Ní fiú dom suí, ní fhanfaidh mé ach nóiméad.

NÓRA   Tar isteach anois agus ná bí i do sheasamh ansin ag an doras.

SÉAMAS   Braon bainne atáim a iarraidh. Leag an cat an crúiscín orm agus níl braon fágtha agam!

NÓRA   Cinnte tabharfaidh mé bainne duit.

SÉAMAS   Thug mé liom an buidéal seo.

NÓRA   Ní rachaidh mórán bainne sa bhuidéal sin. Caithfidh mé ceann níos mó a fháil duit.

SÉAMAS   *God save all here!*

NÓRA   *You're welcome, Séamas! Come in and sit at the fire.*

SÉAMAS   *It's not worth my while sitting, I'll only delay a minute.*

NÓRA   *Come in now and don't be standing there at the door.*

SÉAMAS   *A drop of milk I'm looking for. The cat knocked the jug on me and I haven't a drop left.*

NÓRA   *Certainly I'll give you some milk.*

SÉAMAS   *I brought this bottle with me.*

NÓRA   *That bottle won't hold much milk. I must get you a bigger one.*

47

-aidh *will* ——

gheobhaidh	*will get*	ólfaidh	*will drink*
rachaidh	*will go*	tiocfaidh	*will come*
inseoidh	*will tell*	tabharfaidh	*will give*
deoch	*a drink*	cluas	*an ear*
scéal maith	*a good story*	cluas bhodhar	*a deaf ear*

Gheobhaidh sé deoch eile anois.

Ólfaidh sé go tapa anois é.

Rachaidh sé amach anois.

Tiocfaidh sé abhaile anois.

Inseoidh sé scéal maith do Nóra anois.

Tabharfaidh sise an chluas bhodhar dó anois.

Gheobhaidh tú ar ball iad.	*You will get them shortly.*
Ólfaidh an cat sin braon eile, sílim.	*That cat will drink another drop, I think.*
Tiocfaidh siad go bhfeicfidh siad é.	*They'll come to see him (it).*
Tabharfaidh sé ceann eile duit ach é a iarraidh air.	*He'll give you another one if you ask him for it.*
Inseoidh mé di go rachaidh tú léi.	*I'll tell her you'll go with her.*
Fan go bhfeicfidh mé an dtiocfaidh siad.	*Wait until I see will they come.*

	saol	*world, life*
unsa	*an ounce*	rogha	*choice*
saghas	*kind, sort*	gur beag ceannach	*that (there is) little sale*

TOBACCO

Séamas is making his regular purchases and doesn't forget his ounce of tobacco.

SÉAMAS An dtabharfaidh tú unsa tobac dom freisin, más é do thoil é.
CÁIT Níl mórán rogha agam duit inniu. Cén saghas acu seo ab fhearr leat ?
SÉAMAS Déanfaidh an saghas seo gnó.
CÁIT Rachaidh mé go dtí an baile mór amárach agus gheobhaidh mé roinnt eile tobac.
SÉAMAS Is dócha gur beag ceannach atá anois air ? Toitíní is fearr le daoine.
CÁIT Níl mórán airgid ag daoine chun toitíní ná tobac a cheannach, maise !
SÉAMAS Is bocht an saol é, ceart go leor.

SÉAMAS *Will you give me an ounce of tobacco also, please ?*
CÁIT *I haven't much choice for you today. Which of these kinds would you prefer ?*
SÉAMAS *This kind will do.*
CÁIT *I'll go to town tomorrow and get some more tobacco.*
SÉAMAS *I suppose there's little sale for it now ? People prefer cigarettes.*
CÁIT *People haven't much money to buy either cigarettes or tobacco, then.*
SÉAMAS *It's a poor world, right enough.*

49

bheadh sé	*he (it) would be*
ní bheadh sé	*he (it) wouldn't be*

an mbeadh sé ?	*would he be ?*	go mbeadh sé	*that he would be*
nach mbeadh sé ?	*wouldn't he be ?*	nach mbeadh sé	*that he wouldn't be*

Ní bheadh Nóra ann chomh luath seo.

Ní bheadh Pádraig ann chomh luath seo.

Ní bheadh Seán ann chomh luath seo.

Ní bheadh Máire ann chomh luath seo.

Ní bheadh Cáit ann chomh luath seo.

Ní bheadh Séamas ann chomh luath seo.

Bheadh sé ina shuí ag an am seo, is dócha.	*He'd be up now, probably.*
Ní bheadh sí anseo fós.	*She wouldn't be here yet.*
Nach mbeadh an carr aige ann ?	*Wouldn't he have the car there ?*
Ní bheadh sibh chomh mall sin, an mbeadh ?	*You wouldn't be that late, would you ?*
Bheadh ceann amháin le díol ansin.	*There would be one to be sold then.*
Nach mbeadh na daoine eile leat ?	*Wouldn't the others be with you ?*

idir *between*

bua   *victory, win*   foireann   *a team*
bhuaigh   *won*   slua   *a crowd*

A FOOTBALL MATCH

Nóra and Pádraig talk about the football match Pádraig has just been at.

NÓRA   Cé a bhuaigh an cluiche, a Phádraig ?
PÁDRAIG   Baile Átha Cliath. Gheobhaidh siad an bua ar Chiarraí freisin.
NÓRA   Is dócha go raibh cluiche maith ann ?
PÁDRAIG   Bhí sé go maith, cinnte. Ní raibh mórán idir an dá fhoireann.
NÓRA   An raibh slua an-mhór agaibh ?
PÁDRAIG   Shíl mé go mbeadh níos mó ann. Ní fhaca mé Séamas ann ar chor ar bith.
NÓRA   Ní bheadh seisean ann lá fuar mar seo.

NÓRA   *Who won the match, Pádraig ?*
PÁDRAIG   *Dublin. They'll beat Kerry, also.*
NÓRA   *I suppose it was a good match ?*
PÁDRAIG   *It was indeed. There wasn't much between the two teams.*
NÓRA   *Had you a very big crowd ?*
PÁDRAIG   *I thought there would be more there. I didn't see Séamas there at all.*
NÓRA   *He wouldn't be there on a cold day like this.*

51

is fearr liom — *I prefer*
b'fhearr liom — *I would prefer*

uisce beatha	*whiskey*	fíon	*wine*
leann	*ale*	líomanáid	*lemonade*
pórtar	*porter*	deoch ghlas	*a soft drink*

B'fhearr liom uisce beatha.

B'fhearr liom fíon.

B'fhearr liom leann.

B'fhearr liom líomanáid.

B'fhearr liom pórtar.

B'fhearr liom deoch ghlas.

Is fearr leis go **m**ór an tae.	*He much prefers tea.*
B'fhearr liom toitín, go raibh maith agat.	*I'd prefer a cigarette, thanks.*
B'fhearr léi dul abhaile anois.	*She'd prefer to go home now.*
Is fearr liom suí ar chathaoir ard.	*I prefer to sit on a high chair.*
Ar **mh**aith leat teacht linn ?	*Would you like to come with us ?*
B'fhearr **li**om gan dul ann anois.	*I'd prefer not to go there now.*

iontu *in them*

caithfidh N (toitín) *N will take,*   mar a chéile   *similar, the same*
         smoke (a cigarette)   mórán dochair   *much harm*
is fearr duit é   *it's better for you*

SMOKING

Pádraig and Séamas prepare to have a smoke while they chat.

PÁDRAIG	An gcaithfidh tú toitín, a Shéamais ?
SÉAMAS	Ní chaithfidh, go raibh maith agat. B'fhearr liom an píopa.
PÁDRAIG	Is fearr duit freisin é, deir siad.
SÉAMAS	Níl a fhios agam. Creidim gur mar a chéile iad.
PÁDRAIG	Ní dóigh liom go bhfuil mórán dochair iontu.
SÉAMAS	An mbeadh cipín agat ar chor ar bith ?
PÁDRAIG	Ba cheart go mbeadh ceann agam áit éigin. Seo duit.

PÁDRAIG	*Will you take a cigarette, Séamas ?*
SÉAMAS	*No, thank you. I'd prefer the pipe.*
PÁDRAIG	*It's better for you too, they say.*
SÉAMAS	*I don't know. I believe they're all the same.*
PÁDRAIG	*I don't think there's much harm in them.*
SÉAMAS	*Would you have a match at all ?*
PÁDRAIG	*I should have one somewhere. Here you are.*

orthu   *on them*

a bhóna	*his collar*		a mbónaí	*their collars*
a chóta	*his coat*		a gcótaí	*their coats*
a chaipín	*his cap*		a gcaipíní	*their caps*

D'iarr sí air a bhóna a chur air.

D'iarr sí orthu a mbónaí a chur orthu.

D'iarr sí air a chóta a chur air.

D'iarr sí orthu a gcótaí a chur orthu.

D'iarr sí air a chaipín a chur air.

D'iarr sí orthu a gcaipíní a chur orthu.

Caithfidh siad a gcótaí a chur orthu.	*They must put on their coats.*
Ní fiú dóibh a gcótaí a chur orthu.	*It's not worth their while to put on their coats.*
Is fearr dó a chaipín a chur air.	*It's better for him to put on his cap.*
Ar mhaith leat é a bhaint díot ?	*Would you like to take it off ?*
B'fhearr leis gan a chaipín a chur air.	*He'd prefer not to put on his cap.*
Bheadh sé chomh maith agat cóta a chur ort.	*It would be as well for you to put on a coat.*

dóibh	*to them, for them*		
oraibh	*on you (more than one person)*		

teachtaireacht	*a message*	cótaí fearthainne	*raincoats*
ar theachtaireacht	*on a message*	na scamaill	*the clouds*

MORE RAIN?

Pádraig arrives home just as the children leave to go on a message : he advises that they put on raincoats.

PÁDRAIG	Cá bhfuil sibh ag dul, a leanaí?
NÓRA	Caithfidh siad dul ar theachtaireacht domsa.
PÁDRAIG	B'fhearr dóibh a gcótaí fearthainne a chur orthu.
NÓRA	An dóigh leat go dtiocfaidh an fhearthainn?
PÁDRAIG	Tiocfaidh cinnte. Féach ar na scamaill sin!
NÓRA	Caithfidh sibh cótaí a chur oraibh, a leanaí.
SEÁN AGUS MÁIRE	Ceart go leor, a mhamaí.

PÁDRAIG	*Where are you going, children?*
NÓRA	*They have to go on a message for me.*
PÁDRAIG	*They had better put on their raincoats.*
NÓRA	*Do you think the rain will come?*
PÁDRAIG	*It will indeed. Look at those clouds.*
NÓRA	*You must put on coats, children.*
SEÁN AND MÁIRE	*All right, mammy.*

55

d'éirigh   *arose*
d'éirigh ina s(h)easamh   *stood up*

an fear	*the man*	na fir	*the men*
an bhean	*the woman*	na mná	*the women*
an páiste	*the child*	na páistí	*the children*

D'éirigh an fear ina sheasamh.   D'éirigh na fir ina seasamh.

D'éirigh an bhean ina seasamh.   D'éirigh na mná ina seasamh.

D'éirigh an páiste ina sheasamh.   D'éirigh na páistí ina seasamh.

D'éirigh na daoine go léir ina seasamh.	*All the people stood up.*
Níor éirigh aon duine chun a chóta a thógáil.	*No one stood up to take his coat.*
Leag duine éigin é ach d'éirigh sé ina sheasamh arís.	*Someone knocked him down but he stood up again.*
Bhí sí ina suí ach d'éirigh sí ina seasamh arís.	*She was sitting down but she got up again.*
D'éirigh sé ina sheasamh agus labhair an múinteoir leis.	*He stood up and the teacher spoke to him.*
Ar éirigh Seán as an leaba fós ?	*Did Seán get up yet ?*

go fóill *yet, for a while*

go rachaidh sé	*that he will go*	deireanach	*late*
ina luí	*lying, in bed*	ina shuí	*sitting, up (out of bed)*
thar am	*past time*	go beo	*quickly, lively*

LAZY SEÁN

Pádraig is annoyed to find Seán is still in bed, as he wants him to do a message.

PÁDRAIG	Cá bhfuil Seán go rachaidh sé ar theachtaireacht dom ?
NÓRA	Tá sé ina luí go fóill, maise.
PÁDRAIG	Nár éirigh sé as an leaba fós ?
NÓRA	Níor éirigh ; bhí sé deireanach ag dul a luí dó aréir.
PÁDRAIG	Tá sé thar am aige a bheith ina shuí anois.
NÓRA	A Mháire, rith suas agus abair le Seán a chuid éadaigh a chur air go beo.
MÁIRE	Tá go maith, a mhamaí.

PÁDRAIG	*Where's Seán that he may go on a message for me ?*
NÓRA	*He's in bed yet, indeed.*
PÁDRAIG	*Didn't he get up yet ?*
NÓRA	*No ; it was late when he went to bed last night.*
PÁDRAIG	*It's past time for him to be up now.*
NÓRA	*Máire, run up and tell Seán to put on his clothes quickly.*
MÁIRE	*All right, mammy.*

57

chuirfeadh sé   *he (it) would put*

áthas *joy*	ocras *hunger*	eagla *fear*
brón *sorrow*	tart *thirst*	fearg *anger*

Chuirfeadh sé áthas ort.

Chuirfeadh sé brón ort.

Chuirfeadh sé ocras ort.

Chuirfeadh sé tart ort.

Chuirfeadh sé eagla ort.

Chuirfeadh sé fearg ort.

An bhfuil ocras ort ?	*Are you hungry ?*
An raibh fearg air ?	*Was he angry ?*
Ní raibh eagla ar bith ormsa.	*I wasn't a bit afraid.*
Tháinig tart mór ansin air.	*He became very thirsty then.*
Bhí áthas ar na leanaí an lá sin.	*The children were glad that day.*
Bhí brón uirthi agus thosaigh sí ag caoineadh.	*She was sorry and she began to cry.*

roimhe (seo)   *before (this)*

nach mór	*almost*	boladh	*a smell*
oinniúin	*onions*	is trua	*it's a pity*

gan N tagtha   *N (has) not come*

LATE FOR DINNER

Dinner is ready but Pádraig has not yet arrived.

NÓRA   Féach an bhfuil daidí ag teacht, a Mháire. Tá sé mall inniu.

MÁIRE   Ní fheicim ag teacht go fóill é.

NÓRA   Nach gcuirfeadh sin fearg ort! Agus an dinnéar nach mór réidh agam !

SEÁN   Chuirfeadh an boladh deas sin ocras ar dhuine. Céard é, a mhamaí ?

NÓRA   Mairteoil bhruite agus oinniúin, a stór.

SEÁN   An mbeidh anraith againn freisin ? Is maith liom anraith.

NÓRA   Beidh, cinnte. Ach is trua gan daidí tagtha abhaile roimhe seo.

NÓRA   *See if daddy is coming, Máire. He's late today.*

MÁIRE   *I don't see him coming yet.*

NÓRA   *Wouldn't that vex you ! And dinner almost ready !*

SEÁN   *That nice smell would make anyone hungry. What is it, mammy ?*

NÓRA   *Boiled beef and onions, love.*

SEÁN   *Will we have soup also ? I like soup.*

NÓRA   *We will of course. But it's a pity daddy's not home before now.*

bíonn sé	*it is (usually)*
bíonn sé ag A	*A has (usually)*

aici	*at her*	againn	*at us*
cluiche	*a game*	cártaí	*cards*
spórt	*sport, fun*	damhsaí	*dances*
ceol	*music*	drámaí	*plays*

Bíonn cluiche againn gach oíche.

Bíonn cártaí againn gach oíche.

Bíonn spórt againn gach oíche.

Bíonn damhsaí againn gach oíche.

Bíonn ceol againn gach oíche.

Bíonn drámaí againn gach oíche·

Bíonn na gardaí ann gach lá.	*The guards are there every day.*
Bíonn prátaí ag fás ann gach bliain.	*Potatoes grow there every year.*
Bíonn siad chomh hard leis sin.	*They are as high as that.*
Bíonn madraí chomh ramhar leis sin go minic.	*Dogs are often as fat as that.*
Bíonn sí chomh luath sin gach lá.	*She is as early as that every day.*

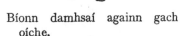

aicise	*at her (emphatic)*		
againne	*at us (emphatic)*		
smaoineamh	*a thought*	Baile Átha Cliath	*Dublin*
laethanta saoire	*holidays*	cois farraige	*at the seaside*

FARAWAY HILLS

Máire suddenly gets the notion that she would like to visit Dublin.

MÁIRE   Ba mhaith liom dul go Baile Átha Cliath, a mhamaí.

NÓRA   Céard a chuir an smaoineamh sin i do cheann?

MÁIRE   Bíonn Eibhlín i mBaile Átha Cliath go minic ach ní raibh mise riamh ann.

SEÁN   Bíonn laethanta saoire cois farraige againne, agus ní bhíonn ag Eibhlín.

MÁIRE   Ach cén fáth nach mbíonn daidí ag dul go Baile Átha Cliath?

NÓRA   Mar ní bhíonn gnó aige ann. Bíonn daidí Eibhlín ag dul ann ag ceannach rudaí don siopa.

MÁIRE   *I'd like to go to Dublin, mammy.*

NÓRA   *What put that idea into your head?*

MÁIRE   *Eibhlín is in Dublin often but I was never there.*

SEÁN   *We have holidays at the seaside, and Eibhlín hasn't.*

MÁIRE   *But why doesn't daddy go to Dublin?*

NÓRA   *Because he has no business there. Eibhlín's daddy goes there buying things for the shop.*

61

gheobhaidh *will get*

an bhfaighidh tú?	*will you get?*	nach bhfaighidh tú?	*won't you get?*
gheobhaidh mé	*I will get*	ní bhfaighidh mé	*I won't get*
na teachtaireachtaí	*the messages*	na tornapaí	*the turnips*
na torthaí	*the fruit(s)*	na trátaí	*the tomatoes*
na glasraí	*the vegetables*	na bananaí	*the bananas*

An bhfaighidh tú na teachtair-eachtaí dom anois ?

An bhfaighidh tú na tornapaí dom anois ?

An bhfaighidh tú na torthaí dom anois ?

An bhfaighidh tú na trátaí dom anois ?

An bhfaighidh tú na glasraí dom anois ?

An bhfaighidh tú na bananaí dom anois ?

An bhfaighidh sibh laethanta saoire go luath ? — *Will you get holidays soon ?*

Gheobhaidh mé na hoinniúin duit anois. — *I shall get the onions for you now.*

Ní bhfaighidh tú toitíní sa siopa sin. — *You won't get cigarettes in that shop.*

Gheobhaidh mé tobac ó Sheán. — *I'll get tobacco from Seán.*

Nach bhfaighidh na páistí duit iad ? — *Won't the children get them for you ?*

Sílim go bhfaighidh mé féin iad. — *I think I'll get them myself.*

le déanamh   *to do, to be done*

tar éis   *after*   ruda   *of (a) thing*
is cuma liom   *I don't care*   dada   *nothing*

MESSAGES

Nóra wants some messages, but Seán doesn't want to oblige.

NÓRA   Cé a gheobhaidh na teachtaireachtaí dom tar éis an
      dinnéir ?
SEÁN   Ní bhfaighidh mise iad mar tá a lán ceachtanna le
      déanamh agam.
MÁIRE Bíonn ceachtanna le déanamh agatsa i gcónaí.
      Gheobhaidh mise iad, a mhamaí.
NÓRA   Maith an cailín, a Mháire. Tabharfaidh mise rud deas
      duitse.
MÁIRE Cén sórt ruda, a mhamaí ?
NÓRA   Fan go bhfeicfidh tú ! Agus ní bhfaighidh Seán dada.
SEÁN   Is cuma liom. Caithfidh mé na ceachtanna seo a dhéan-
      amh.

NÓRA   *Who will get the messages for me after dinner ?*
SEÁN   *I won't get them because I have a lot of lessons to do.*
MÁIRE *You always have lessons to do. I'll get them, mammy.*
NÓRA   *Good girl, Máire. I'll give you something nice.*
MÁIRE *What kind of thing, mammy ?*
NÓRA   *Wait until you see ! And Seán won't get anything.*
SEÁN   *I don't care. I must do these lessons.*

mórán   *much, many*

fearthainn *rain*	mórán fearthainne *much rain*
sneachta *snow*	mórán sneachta *much snow*
sioc *frost*	mórán seaca *much frost*

Shíl mé nach mbeadh fearthainn
againn inniu.

Shíl mé nach mbeadh mórán
fearthainne againn inniu.

Shíl mé nach mbeadh sneachta
againn inniu.

Shíl mé nach mbeadh mórán
sneachta againn inniu.

Shíl mé nach mbeadh sioc againn
inniu.

Shíl mé nach mbeadh mórán
seaca againn inniu.

Shíl mé nach mbeadh sé anseo inniu.	*I thought he wouldn't be here today.*
Shíl sé nach mbeadh dada le déanamh.	*He thought there would be nothing to do.*
Shíl mé go mbíonn laethanta saoire agaibh ag an am sin.	*I thought you have holidays at that time.*
Shíl mé go mbeadh cluiche maith ann.	*I thought it would be a good game.*
Níor shíl aon duine dada de.	*No one thought anything of it.*
Ní bhfaighidh sé dada lena ithe ansin.	*He'll get nothing to eat there.*

nach é— ?   *isn't it— ?*

ar maidin   *this morning*   mhothaigh   *felt, did—feel*
barúil   *an opinion, idea*   pianta   *pains*

COLD WEATHER

*Séamas complains of the cold weather which affects him more than it
does Pádraig.*

SÉAMAS   Nach é atá fuar inniu, a Phádraig ?
PÁDRAIG   Tá sé fuar go deimhin. Shíl mé ar maidin go mbeadh
          sneachta againn.
SÉAMAS   Bhí sioc aréir ann, is dóigh liom.
PÁDRAIG   An ndeir tú liom é ? Níor mhothaigh mé é.
SÉAMAS   Mhothaigh mise cuid mhór é. Bíonn barúil agam i gcónaí
          nuair a bhíonn sioc ann.
PÁDRAIG   Shíl mé nach mbíonn na pianta sin ort riamh anois.
SÉAMAS   Is minic a bhíonn, maise !

SÉAMAS   *Isn't it cold today, Pádraig ?*
PÁDRAIG   *It's cold indeed. I thought this morning that we'd have snow.*
SÉAMAS   *We had frost last night, I think.*
PÁDRAIG   *Do you tell me ? I didn't feel it.*
SÉAMAS   *I felt it a good deal. I always have an idea when it's
          freezing.*
PÁDRAIG   *I thought you never have those pains now.*
SÉAMAS   *I often have them, indeed !*

65

is cuimhin liom *I remember*

an cuimhin leat ?	*do you remember ?*	nach cuimhin leat ?	*don't you remember ?*
is cuimhin liom	*I remember*	ní cuimhin liom	*I don't remember*
an lá sin	*that day*	na laethanta sin	*those days*
an bhliain sin	*that year*	na blianta sin	*those years*
an uair sin	*that time*	na huaireanta sin	*those times*

Nach cuimhin leat an lá sin ?

Nach cuimhin leat na laethanta sin ?

Nach cuimhin leat an bhliain sin ?

Nach cuimhin leat na blianta sin ?

Nach cuimhin leat an uair sin ?

Nach cuimhin leat na huaireanta sin ?

Is cuimhin liom stoirm a bheith ann an bhliain sin.	*I remember a storm that year.*
An cuimhin leat an sneachta a bhí againn an t-am sin ?·	*Do you remember the snow we had that time ?*
Ní cuimhin liom mórán gaoithe a bheith ann an lá sin.	*I don't remember much wind blowing that day.*
Is cuimhin liom beagán airgid a thabhairt dó.	*I remember giving him a little money.*
Is maith is cuimhin liom an lá sin !	*I well remember that day !*
Ní cuimhin liom é a fheiceáil tar éis an dinnéir.	*I don't remember seeing him after dinner.*

		úd	*that, yonder*
aithne	*acquaintance, recognition*	galánta	*elegant, fashionable*
ar cuairt	*on a visit*	ait	*strange, odd*

A VISITOR

Cáit and Nóra talk of Eibhlín, who visits the district occasionally.

CÁIT   An bhfaca tú Eibhlín Ní Raghallaigh ar an Aifreann inné ?

NÓRA   Níl aon aithne agam uirthi. Cé hí féin ?

CÁIT   Nach bhfuil a fhios agat, an cailín úd ó Bhaile Átha Cliath. Bíonn éadaí galánta uirthi i gcónaí.

NÓRA   Ní cuimhin liom í a fheiceáil riamh.

CÁIT   Nach cuimhin anois ? Nach ait sin, mar is minic a bhíonn sí ar cuairt anseo.

NÓRA   Cén gnó a bhíonn aici ag teacht ar cuairt anseo ?

CÁIT   Aintín di is ea Bean Uí Néill. Bíonn sí ag fanacht léi ó am go ham.

CÁIT   *Did you see Eibhlín O'Reilly at Mass yesterday ?*

NÓRA   *I don't know her. Who is she ?*

CÁIT   *Don't you know, that girl from Dublin. She always wears fashionable clothes.*

NÓRA   *I don't remember ever having seen her.*

CÁIT   *Don't you now ? Isn't that strange, because she's often on a visit here.*

NÓRA   *What business has she coming on a visit here ?*

CÁIT   *Mrs. O'Neill is her aunt. She stays with her from time to time.*

67

	an mbíonn sé ?	*is it ? (usually)*	
	nach mbíonn sé ?	*isn't it ? (usually)*	
	ní bhíonn sé	*it isn't (usually)*	

uirthi	*on her*	orthu	*on them*
tinneas	*illness*	slaghdán	*a cold*
tinneas cinn	*a headache*	tinneas fiacaile	*a toothache*
tinneas cluaise	*an earache*	tinneas cnámh	*pains in the bones*

An mbíonn tinneas uirthi go minic ?

An mbíonn slaghdán uirthi go minic ?

An mbíonn tinneas cinn uirthi go minic ?

An mbíonn tinneas fiacaile uirthi go minic ?

An mbíonn tinneas cluaise uirthi go minic ?

An mbíonn tinneas cnámh uirthi go minic ?

Bíonn slaghdán orthu go minic sa gheimhreadh.	*They have colds often in winter.*
Nach mbíonn cótaí móra ar na leanaí gach lá ?	*Don't the children wear overcoats every day ?*
Ní bhíonn hataí orthu ar chor ar bith.	*They don't wear hats at all.*
Nach mbíonn sibh anseo gach oíche ?	*Aren't you here every night ?*
An mbíonn siad chomh dona sin?	*Are they (usually) as bad as that?*
An mbíonn tú ag éirí chomh luath sin ?	*Are you (usually) getting up so early ?*

sula	*before*		
na hoícheanta seo	*these nights*	an phictiúrlann	*the cinema*
uaireanta	*sometimes*	slua	*a crowd*
déarfaidh	*will say, will tell*	sul i bhfad	*before long*

THE PICTURES AGAIN

Cáit discusses the pictures with Nóra, who rarely goes to the cinema.

CÁIT   Bíonn pictiúr an-mhaith ar siúl na hoícheanta seo. An bhfaca tú é ?

NÓRA   Ní fhaca. Ní minic a bhíonn am agam dul go dtí an phictiúrlann.

CÁIT   Ní bhíonn pictiúr maith ann go minic ach oiread. Ní cuimhin liom ceann chomh maith leis seo a bheith ann le fada.

NÓRA   An mbíonn mórán daoine ann ?

CÁIT   Ní bhíonn gach oíche. Ach bhí slua maith aréir ann.

NÓRA   Caithfidh mé dul leat oíche éigin sul i bhfad.

CÁIT   Beidh fáilte romhat ! Déarfaidh mé leat é nuair a bheidh pictiúr maith eile ag teacht.

CÁIT   *There's a very good picture on these nights. Did you see it ?*

NÓRA   *No. It's not often I have time to go to the cinema.*

CÁIT   *It's not often there's a good picture on, either. I don't remember one as good as this one being on for a long time past.*

NÓRA   *Do many people go to it ?*

CÁIT   *Not every night. But there was a good crowd there last night.*

NÓRA   *I must go with you some night before long.*

CÁIT   *You'll be welcome. I'll tell you when another good picture is coming.*

leo   *with them, to them*
cé a dúirt leo ? *who told them ?*

an peann	*the pen*		an leabhar	*the book*
an scian	*the knife*		an spúnóg	*the spooon*
an mhóin	*the turf*		an gual	*the coal*

a chur   *to put*

Cé a dúirt leo an peann a chur ansin ?

Cé a dúirt leo an leabhar a chu^r ansin ?

Cé a dúirt leo an scian a chur ansin ?

Cé a dúirt leo an spúnóg a chur ansin ?

Cé a dúirt leo an mhóin a chur ansin ?

Cé a dúirt leo an gual a chur ansin ?

Cé a dúirt leat éirí anois ?	*Who told you to get up now ?*
Cé a dúirt leis na daoine sin teacht ?	*Who told those people to come ?*
Cé a dúirt léi teacht chomh luath seo ?	*Who told her to come so early ?*
Cé a dúirt le Seán é a dhíol?	*Who told Seán to sell it ?*
Cé a dúirt libh na brioscaí a ithe ?	*Who told you to eat the biscuits ?*
Ní dúirt aon duine liom é sin a dhéanamh anois.	*No one told me to do that now.*

dóibh	*to them, for them*		
an t-adhmad	*the timber,*	ar an gcosán	*on the path*
	the wood	rinne siad dearmad	*they forgot*
ba cheart dóibh	*they should*		

UNTIDINESS

Pádraig comes home late to find that the children have left some timber scattered around.

PÁDRAIG Cé a d'fhág an t-adhmad go léir ar an gcosán?

NÓRA Na páistí. Bhí siad ag súgradh leis tráthnóna.

PÁDRAIG Agus cé a dúirt leo é a thógáil amach as an ngaráiste?

NÓRA Duine ar bith. Bíonn siad ag súgradh leis go minic, maise.

PÁDRAIG Ba cheart dóibh é a chur ar ais isteach.

NÓRA Rinne siad dearmad, is dócha.

PÁDRAIG Déarfaidh mé leo ar maidin é a chur ar ais.

PÁDRAIG *Who left all the timber on the path ?*

NÓRA *The children. They were playing with it this evening.*

PÁDRAIG *And who told them to take it out of the garage ?*

NÓRA *Nobody. They often play with it, indeed.*

PÁDRAIG *They should put it back in.*

NÓRA *They forgot, I suppose.*

PÁDRAIG *I'll tell them in the morning to put it back.*

71

thabharfadh sé *he would give*
ní thabharfadh sé *he wouldn't give*

dada *nothing*   mórán *much*
píosa *a piece*   ceann *one (a whole one)*
blas *a taste*   dóthain *enough*

Ní thabharfadh sé dada dom.

Ní thabharfadh sé mórán dom.

Ní thabharfadh sé píosa dom.

Ní thabharfadh sé ceann dom.

Ní thabharfadh sé blas dom.

Ní thabharfadh sé dóthain dom.

Ní thabharfadh sé pingin dóibh.
Ní thabharfadh sí mórán d'aon duine.
Thabharfadh sé do Sheán é, ceart go leor.
Ní bhíonn do dhóthain agatsa riamh.
Ní thabharfadh an duine sin deoch uisce duit.
Ba cheart dóibh ceann a thabhairt dó.

He wouldn't give them a penny.
She wouldn't give much to anyone.

He'd give it to Seán right enough.

You never have enough.

That person wouldn't give you a drink of water.
They should give him one.

		uaitse	*from you (emphatic)*	
le chéile	*together*		ag cruinniú airgid	*collecting money*
p(h)aróiste	*parish*		ar m'anam	*on my soul*

COLLECTING

Séamas asks Cáit why Tomás and Eoin are going about together so much.

SÉAMAS	Bíonn Tomás agus Eoin ag dul thart le chéile na hoícheanta seo. Céard a bhíonn ar siúl acu ?
CÁIT	Ag cruinniú airgid, ar ndóigh.
SÉAMAS	An mar sin é ? Níor tháinig siad chugamsa go fóill.
CÁIT	Bhí siad i dteach Phádraig aréir, ach ní thabharfadh seisean dada dóibh.
SÉAMAS	Agus bhí an ceart aige, ar m'anam.
CÁIT	Beidh súil acu le deich scilling uaitse.
SÉAMAS	An mbeidh anois ? Cé a dúirt leo go mbeadh deich scilling agamsa dóibh?

SÉAMÁS	*Tomds and Eoin are going around together these nights. What are they doing ?*
CÁIT	*Collecting money, of course.*
SÉAMAS	*Is that it ? They didn't come to me yet.*
CÁIT	*They were in Pádraig's house last night, but he wouldn't give them anything.*
SÉAMAS	*And he was right, on my soul.*
CÁIT	*They'll be expecting ten shillings from you.*
SÉAMAS	*Will they now ? Who told them I'd have ten shillings for them ?*

73

bheinn *I would be*

murach	*were it not for, only for*	roimhe seo	*before now*
an slua	*the crowd*	an trácht	*the traffic*
an t-aonach	*the fair*	an margadh	*the market*
an ghaoth	*the wind*	an ceo	*the fog*

Bheinn anseo roimhe seo murach an slua.

Bheinn anseo roimhe seo murach an trácht.

Bheinn anseo roimhe seo murach an t-aonach.

Bheinn anseo roimhe seo murach an margadh.

Bheinn anseo roimhe seo murach an ghaoth.

Bheinn anseo roimhe seo murach an ceo.

Bheinn leo murach go raibh lá fliuch ann.	*I'd be with them only for it was a wet day.*
Ní thabharfadh sé dom roimhe seo iad.	*He wouldn't give them to me before this.*
Thabharfadh sé dom roimhe seo iad murach tusa.	*He'd have given them to me before this only for you.*
Bheadh sé abhaile i bhfad roimhe seo murach rud éigin.	*He'd be home long before this only for something.*
Bheinn ag na pictiúir murach go raibh drochaimsir ann.	*I'd be at the pictures only for the weather was bad.*
Ba cheart dóibh a bheith abhaile roimhe seo.	*They should be home before this.*

	an iomarca	*too much*	
barúil	*an opinion, idea*	col ceathrar	*a first cousin*
bhuail mé le	*I met*	an tsiopa	*(of) the shop*

A DAY'S SHOPPING

Cáit gets into the bus on her way home from town, to the surprise of Nóra.

NÓRA   M'anam, a Cháit, ní raibh barúil agam go raibh tú sa bhaile mór inniu.
CÁIT   Bhí mé ann ó mhaidin.
NÓRA   Bhí lá fada agat ann, mar sin.
CÁIT   Bheinn imithe abhaile i bhfad roimhe seo murach gur bhuail mé le col ceathrar dom.
NÓRA   Chaith sibh tráthnóna deas le chéile, is dócha.
CÁIT   Níor chaith, ar m'anam. Bhí an iomarca le déanamh agamsa.
NÓRA   Bíonn teachtaireachtaí an tsiopa le déanamh agatsa, ar ndóigh.

NÓRA   *My soul, Cáit, I had no idea you were in town today.*
CÁIT   *I was there since this morning.*
NÓRA   *You had a long day there, so.*
CÁIT   *I'd be gone home long before this only I met a first cousin of mine.*
NÓRA   *You spent a nice evening together, I suppose.*
CÁIT   *We did not, then. I had too much to do.*
NÓRA   *You have to do the messages for the shop, of course.*

75

seasamh *standing*
codladh *sleeping*
dúiseacht *waking*

tá sé ina sheasamh *he is standing*　　　tá sí ina seasamh *she is standing*

Nach bhfuil sé ina sheasamh ?

Nach bhfuil sí ina seasamh ?

Nach bhfuil sé ina chodladh ?

Nach bhfuil sí ina codladh ?

Nach bhfuil sé ina dhúiseacht ?

Nach bhfuil sí ina dúiseacht ?

Níl sé ina chodladh fós. | *He's not asleep yet.*

Cé atá ina sheasamh amuigh faoin bhfearthainn ? | *Who is standing outside in the rain ?*

An bhfuil tú i do dhúiseacht anois, a Sheáin? | *Are you awake now, Seán ?*

Ní bheinn i mo dhúiseacht ag an am sin. | *I wouldn't be awake at that time.*

Tá barúil agam go bhfuil sí ina codladh. | *I have an idea that she's asleep.*

Tá mo chol ceathrar ina chodladh ansin. | *My first cousin is asleep there.*

	in airde	*up, above*	
ghlaoigh	*called, did—call*	roimhe seo	*before this*
ag dul a luí	*going to bed*	deifir a dhéanamh	*to make haste*

GETTING UP

Nóra is anxious to have Seán get up without further delay.

Nóra	Ar ghlaoigh tú ar Sheán, a stór ?
Máire	Ghlaoigh. Bhí sé fós ina chodladh.
Nóra	Ba cheart dó a bheith ina shuí roimhe seo.
Máire	Tá sé ina dhúiseacht anois, cibé ar bith.
Nóra	Bíonn sibh ródheireanach ag dul a luí gach oíche.
Máire	Rachaidh mé in airde staighre arís féachaint an bhfuil sé ina shuí.
Nóra	Maith an cailín. Abair leis deifir a dhéanamh.

Nóra	*Did you call Seán, love ?*
Máire	*I did. He was still asleep.*
Nóra	*He should be up before now.*
Máire	*He's awake now anyway.*
Nóra	*You are too late going to bed every night.*
Máire	*I'll go upstairs again to see if he's up.*
Nóra	*Good girl. Tell him to hurry up.*

77

chun   *to*

chun an tí	*to the house*	chun na dtithe	*to the houses*
chun an bhaile	*to the town*	chun na mbailte	*to the towns*
chun na háite	*to the place*	chun na n-áiteanna	*to the places*

dul *going*

Ní cuimhin liom dul chun an tí sin.

Ní cuimhin liom dul chun na dtithe sin.

Ní cuimhin liom dul chun an bhaile sin.

Ní cuimhin liom dul chun na mbailte sin.

Ní cuimhin liom dul chun na háite sin.

Ní cuimhin liom dul chun na n-áiteanna sin.

Ghlaoigh sí isteach chun an tae orthu.	*She called them in to their tea.*
Ní cuimhin leis aon duine a theacht chun an dorais.	*He doesn't remember anyone coming to the door.*
Nach cuimhin leat a bheith in airde ansin fada ó shin ?	*Don't you remember being up there long ago ?*
Is cuimhin liom dul a luí an oíche sin, ceart go leor.	*I remember going to bed that night, right enough.*
Thabharfadh sé chun na scoile iad murach go raibh deifir air.	*He would bring them to the school were he not in a hurry.*
Ní cuimhin liom a bheith i mo shuí ag a sé a chlog riamh.	*I don't remember ever being up at six o'clock.*

roimpi	*before her*		
glanta amach	*cleaned out*	ar cuairt	*on a visit*
á ghlanadh	*cleaning it*	in airde linn	*up with us*

ANOTHER VISITOR

Nóra has news for Máire on her return home from school: her Aunt Peg is coming on a visit to the house.

NÓRA Tháinig litir ó d'Aintín Peig ar maidin. Tá sí le teacht ar cuairt chugainn tráthnóna.

MÁIRE Ní cuimhin liom í a bheith anseo riamh, a mhamaí.

NÓRA Nach cuimhin leat anois? Is minic a bhí sí anseo linn cheana.

MÁIRE Cé acu seomra codlata a mbeidh sí ann?

NÓRA Do sheomra féin, ar ndóigh. Beidh sé glanta amach againn roimpi.

MÁIRE Agus cén áit a mbeidh mise ansin?

NÓRA Sa seomra beag. Seo, in airde linn anois. Caithfimid deifir a dhéanamh á ghlanadh.

NÓRA *A letter came from your Aunt Peg this morning. She's to come on a visit to us this evening.*

MÁIRE *I don't remember her ever being here, mammy.*

NÓRA *Do you not now? She was often here with us previously.*

MÁIRE *Which bedroom will she be in?*

NÓRA *Your own room, of course. We'll have it cleaned out for her.*

MÁIRE *And where will I be then?*

NÓRA *In the small room. Here, up we go now. We must hurry and clean it.*

79

dá	*if*
dá mbeadh (rud) aige	*if he had (a thing)*

chaithfeadh sé toitín *he'd smoke a cigarette*	d'íosfadh sé milseán *he'd eat a sweet*
ghabhfadh sé amhrán *he'd sing a song*	d'ólfadh sé uisce beatha *he'd drink whiskey*
dhéanfadh sé obair bhaile *he'd do home work*	d'inseodh sé scéal *he'd tell a story*

Dá mbeadh toitín aige chaith-feadh sé é.

Dá mbeadh milseán aige d'íos-fadh sé é.

Dá mbeadh amhrán aige ghabh-fadh sé é.

Dá mbeadh uisce beatha aige d'ólfadh sé é.

Dá mbeadh obair bhaile aige dhéanfadh sé é.

Dá mbeadh scéal aige d'inseodh sé é.

Thabharfadh sé ceann duit dá mbeadh sé aige.	*He'd give you one if he had it.*
Dhéanfadh sí ceann dómsa dá mbeadh am aici.	*If she had time she'd make one for me.*
Dá mbeadh ocras air d'íosfadh sé é.	*If he were hungry he'd eat it.*
Dá mbeadh tart uirthi d'ólfadh sí é.	*If she were thirsty she'd drink it.*
Dá mbeadh sé tuirseach bheadh sé ina chodladh anois.	*If he were tired he'd be asleep now.*
Chaithfeadh sé teacht chugam dá mbeadh airgead uaidh.	*He'd have to come to me if he wanted money.*

	dúinn	*to us*	
ceist	*a question*	creidfidh	*will believe*
cuirfidh mé ceist	*I'll ask*	cuir leat	*ask away*

GOOD NEWS

Máire meets Seán to be first with the news of Aunt Peg's visit.

MÁIRE Níl a fhios agatsa cé atá ag teacht ar cuairt chugainn.

SEÁN Níl a fhios agam. Cé atá ag teacht?

MÁIRE M'Aintín Peig. Beidh sí ag teacht tráthnóna.

SEÁN Níl tú ach ag magadh. D'inseodh mamaí dúinn é dá mbeadh sí le teacht.

MÁIRE Ar maidin a tháinig an litir. Agus beidh sí ina codladh i mo sheomra.

SEÁN Ní chreidim thú. Cuirfidh mé ceist ar mhamaí.

MÁIRE Cuir leat, mar sin. Creidfidh tú ansin mé.

MÁIRE *You don't know who's coming on a visit to us.*

SEÁN *I don't know. Who's coming ?*

MÁIRE *My Aunt Peg. She'll be coming this evening.*

SEÁN *You're only joking. Mammy would tell us if she intended to come.*

MÁIRE *The letter came this morning. And she'll be sleeping in my room.*

SEÁN *I don't believe you. I'll ask mammy.*

MÁIRE *Ask away, so. Then you'll believe me.*

déarfainn   *I would say*
ní déarfainn   *I wouldn't say*

áthas	*joy, gladness*	uirthi	*on her*
brón	*sorrow*	orthu	*on them*
éad	*jealousy*	cead	*permission*

Déarfainn go raibh áthas uirthi.

Déarfainn go raibh áthas orthu.

Déarfainn go raibh brón uirthi.

Déarfainn go raibh brón orthu.

Déarfainn go raibh éad uirthi.

Déarfainn go raibh éad orthu.

Déarfainn go mbeidh sé fliuch inniu.	*I'd say it will be wet today.*
Déarfainn go gcuirfidh sé sneachta ar ball.	*I'd say it will snow after a while.*
Déarfainn go dtabharfadh sé dúinn é dá mbeadh sé anseo.	*I'd say he'd give it to us if he were here.*
Déarfainn go mbeidh brón ar dhuine éigin faoi sin.	*I'd say someone will be sorry for that.*
Déarfainn go ndéanfadh sé é dá mbeadh cead aige.	*I'd say he'd do it if he had permission.*
Déarfainn gur chuir sé ceist uirthi, ceart go leor.	*I'd say he asked her, all right.*

chuirfeadh	*would put*		
post	*a position, job*	caillte	*lost*
a choinneáil	*to keep*	gur chaill sí	*that she lost*

UNEMPLOYED

Cáit and Nóra discuss Bríd who has just lost another job.

CÁIT	Chuala mé go raibh Bríd sa bhaile arís.
NÓRA	Arís, an ea ? Ná habair go bhfuil post eile caillte aici.
CÁIT	Déarfainn go bhfuil. Tá sí sa bhaile ar aon chuma.
NÓRA	Is dócha gur chaill sí é, mar sin.
CÁIT	Déarfainn gur chaill. Ní féidir léi post ar bith a choinneáil.
NÓRA	Dá mbeadh aon mhaith inti ní sa bhaile a bheadh sí.
CÁIT	Ba chuma liom ach an chaint a bhíonn ar siúl aici. Chuirfeadh sí fearg ort.

CÁIT	*I heard Bríd was home again.*
NÓRA	*Again, is it ? Don't say she has lost another job.*
CÁIT	*I'd say she has. She's at home anyway.*
NÓRA	*I suppose she lost it, so.*
CÁIT	*I'd say she did. She can't keep any job.*
NÓRA	*If she was any good it's not at home she'd be.*
CÁIT	*I wouldn't care only for all the talk she has. She'd vex you.*

gheobhadh sé   *he would get*
ní bhfaigheadh sé
     he wouldn't get
an bhfaigheadh sé ?
     would he get ?

go bhfaigheadh sé
     that he'd get
nach bhfaigheadh sé
     that he wouldn't get

na toitíní	*the cigarettes*	na cipíní	*the matches*
na builíní	*the loaves*	na cácaí	*the cakes*
na glasraí	*the vegetables*	na torthaí	*the fruit(s)*

Déarfainn go bhfaigheadh sé na toitíní ansin.

Déarfainn go bhfaigheadh sé na cipíní ansin.

Déarfainn go bhfaigheadh sé na builíní ansin.

Déarfainn go bhfaigheadh sé na cácaí ansin.

Déarfainn go bhfaigheadh sé na glasraí ansin.

Déarfainn go bhfaigheadh sé na torthaí ansin.

Déarfainn nach bhfaigheadh sí ansin é.   *I'd say she wouldn't get it there.*

Ní bhfaigheadh sé aon cheann anseo.   *He wouldn't get one here.*

Nach bhfaigheadh sé sa siopa sin iad ?   *Wouldn't he get them in that shop ?*

Gheobhadh sí iad dá mbeadh siad ann.   *She'd get them if they were there.*

D'íosfadh sé píosa dá bhfaigheadh sé é.   *He'd eat a piece if he got it.*

Chaithfeadh sí toitín dá mbeadh ceann aici.   *She'd smoke a cigarette if she had one.*

thabharfadh   *would give, would bring*

ionadh	*wonder, surprise*	saor	*cheap*
tá ionadh orm	*I'm surprised*	níos saoire	*cheaper*

GONE TO DUBLIN

Cáit wonders where Pádraig is tonight and Séamas thinks he knows.

CÁIT   Tá ionadh orm nár tháinig Pádraig roimhe seo.

SÉAMAS   Déarfainn nach mbeidh sé linn anocht. Bhí sé le dul go Baile Átha Cliath.

CÁIT   Cén gnó a thabharfadh ansin é ?

SÉAMAS   Bhí sé le carr a cheannach ann.

CÁIT   Nach bhfaigheadh sé carr anseo sa bhaile gan dul go Baile Átha Cliath ?

SÉAMAS   B'fhéidir go bhfaigheadh sé níos saoire ansin é.

CÁIT   Níl a fhios agam an bhfaigheadh, anois !

CÁIT   *I'm surprised Pádraig hasn't come before this.*

SÉAMAS   *I'd say he won't be with us tonight. He was to go to Dublin.*

CÁIT   *What business would bring him there ?*

SÉAMAS   *He was to buy a car there.*

CÁIT   *Wouldn't he get a car at home here without going to Dublin ?*

SÉAMAS   *Maybe he'd get it cheaper there.*

CÁIT   *I don't know would he, now !*

85

bheidís	*they would be*		
ní bheidís	*they would not be*		
an t-am	*the time*	an chaoi	*the opportunity, the chance*
aon scéal	*any news*	a fhios	*knowledge of it*

Bheidís anseo dá mbeadh an carr acu.

Bheidís anseo dá mbeadh an t-airgead acu.

Bheidís anseo dá mbeadh an t-am acu.

Bheidís anseo dá mbeadh an chaoi acu.

Bheidís anseo dá mbeadh aon scéala acu.

Bheidís anseo dá mbeadh a fhios acu.

Bheidís imithe abhaile roimhe seo.	*They would be gone home before this.*
Ní bheidís tagtha chomh luath seo.	*They wouldn't have arrived so early.*
Ní bheidís ann dá mbeadh an aimsir fliuch.	*They wouldn't be there if the weather were wet.*
Ní bheidís sásta éirí as na toitíní a chaitheamh.	*They wouldn't be satisfied to give up smoking.*
Bheidís níos saoire sa siopa eile.	*They'd be cheaper in the other shop.*
Bheidís go léir sásta leis an gceann sin.	*They'd be all satisfied with that one.*

díobh *of them*

níos mó díobh	*more of them*	athdhíolta	*secondhand*
le ceannach	*to buy*	le feiceáil	*to be seen*

QUESTIONS !

Nóra tells the children about Pádraig's business in Dublin.

SEÁN   Cén fáth a ndeachaigh daidí go Baile Átha Cliath inniu, a mhamaí ?

NÓRA   Le carr a cheannach, a stór.

MÁIRE   Nach bhfaigheadh sé carr le ceannach sa bhaile mór anseo ?

NÓRA   Gheobhadh, is dócha. Ach ceann athdhíolta atá uaidh.

SEÁN   Bheidís sin níos saoire thuas i mBaile Átha Cliath.

NÓRA   Bheidís, agus bheadh níos mó díobh le feiceáil ansin freisin.

MÁIRE   Ba mhaith liom é dá bhfaigheadh sé ceann.

SEÁN   *Why did daddy go to Dublin today, mammy ?*

NÓRA   *To buy a car, love.*

MÁIRE   *Wouldn't he get a car to buy in town here ?*

NÓRA   *He would, probably. But it's a secondhand one he wants.*

SEÁN   *They would be cheaper above in Dublin.*

NÓRA   *They would, and there would be more of them to be seen there also.*

MÁIRE   *I'd like him to get one.*

shílfeá *you would think*
ní shílfeá *you wouldn't think*

go dtiocfadh sé	*that he would come*	go labhródh sé	*that he would speak*
go rachadh sé	*that he would go*	go n-éistfeadh sé	*that he would listen*
go bhfanfadh sé	*that he would wait*	go n-imreodh sé	*that he would play*

Shílfeá go dtiocfadh sé leo.

Shílfeá go labhródh sé leo.

Shílfeá go rachadh sé leo.

Shílfeá go n-éistfeadh sé leo.

Shílfeá go bhfanfadh sé leo.

Shílfeá go n-imreodh sé leo.

Shílfeá gur chaill sé punt.
Shílfeá go mbeadh áthas uirthi.
Shílfeá go mbeadh na glasraí níos saoire anois.
Shílfeá go rachadh níos mó daoine ann.
Shílfeá go dtabharfadh an múinteoir ceann duitse.
Shílfeá go bhfaigheadh sí níos saoire ná sin iad.

You'd think he lost a pound.
You'd think she'd be glad.
You'd think vegetables would be cheaper now.
You'd think more people would go there.
You'd think the teacher would give you one.
You'd think she'd get them cheaper than that.

daor　　*dear*

níos daoire　*dearer*

ar éirigh leat ?　*did you succeed ?*　le féachaint air　*to look at it*

　　　　　　did you get on ?

REPORTING PROGRESS

On his return from his Dublin trip Pádraig answers Nóra's questions.

NÓRA　　　Cén chaoi ar éirigh leat sa chathair, a Phádraig ?

PÁDRAIG　Go maith, is dóigh liom.　Cheannaigh mé an carr ar aon
　　　　　chuma.

NÓRA　　　Seancheann, an ea ?

PÁDRAIG　Dhá bhliain atá sé ar an mbóthar.　Ach shílfeá le féach-
　　　　　aint air gur ceann nua é.

NÓRA　　　.Bhí sé daor mar sin, is dócha ?

PÁDRAIG　Ní raibh : dhá chéad caoga a thug mé air.

NÓRA　　　Bhí sin saor go leor.　Shílfeá go mbeadh carr chomh
　　　　　maith leis níos daoire ná sin.

NÓRA　　　*How did you get on in the city, Pádraig ?*

PÁDRAIG　*Well, I think.　I bought a car, anyway.*

NÓRA　　　*An old one, is it ?*

PÁDRAIG　*It's two years on the road.　But you'd think to look at it that
　　　　　it is a new one.*

NÓRA　　　*It was dear so, probably ?*

PÁDRAIG　*No : two hundred and fifty I paid for it.*

NÓRA　　　*That was cheap enough.　You'd think a car as good as that
　　　　　would be dearer than that.*

is féidir (le)   *it is possible (for)*

arbh fhéidir leo ?	*could they ?*	b'fhéidir leo	*they could*
nárbh fhéidir leo ?	*couldn't they ?*	níorbh fhéidir leo	*they couldn't*

fanacht	*to stay, to wait*	éirí	*to get up*
imirt	*to play*	tiomáint	*to drive*
siúl	*to walk*	rith	*to run*

Níorbh fhéidir leo fanacht.

Níorbh fhéidir leo éirí.

Níorbh fhéidir leo imirt.

Níorbh fhéidir leo tiomáint.

Níorbh fhéidir leo siúl.

Níorbh fhéidir leo rith.

Arbh fhéidir leo teacht ?	*Could they come ?*
Nárbh fhéidir léi a bheith anseo ?	*Couldn't she be here ?*
Is féidir le Seán é a dhéanamh.	*Seán can do it.*
Ar mhaith libh teacht isteach ?	*Would you like to come in ?*
Níor mhaith linn é a dhéanamh.	*We wouldn't like to do it.*
Nár mhaith le haon duine é sin a ithe ?	*Wouldn't anyone like to eat that ?*

le haghaidh *for*

le haghaidh an Domhnaigh	*for Sunday*	Dé Sathairn	*(on) Saturday*
g(h)aráiste	*a garage*	gan dabht	*without doubt, no doubt*

MORE QUESTIONS ! !

The children don't understand why Pádraig hasn't brought home the car he bought.

SEÁN Cá bhfuil an carr nua a fuair tú inné, a dhaidí?
PÁDRAIG Tá sé sa gharáiste i mBaile Átha Cliath go fóill.
MÁIRE Cén fáth, a dhaidí? Nárbh fhéidir leat é a thiomáint abhaile?
PÁDRAIG B'fhéidir liom, gan dabht, ach ní raibh sé réidh.
SEÁN Cén uair a gheobhaidh tú é?
PÁDRAIG Déarfainn go mbeidh sé agam Dé Sathairn seo chugainn.
MÁIRE Go maith ! Beidh sé againn le haghaidh an Domhnaigh, mar sin.

SEÁN *Where's the new car you got yesterday, daddy?*
PÁDRAIG *It's in the garage in Dublin still.*
MÁIRE *Why, daddy? Couldn't you drive it home?*
PÁDRAIG *I could, without doubt, but it wasn't ready.*
SEÁN *When will you get it?*
PÁDRAIG *I'd say I'll have it next Saturday.*
MÁIRE *Good ! We'll have it for Sunday, if so.*

91

bhíodh	*used to be*
ní bhíodh	*used not to be*

luath	*early*	deireanach	*late*
furasta	*easy*	deacair	*hard, difficult*
bog	*soft, easy*	crua	*hard, severe*

Bhíodh sé luath ar scoil gach maidin.

Bhíodh sé deireanach ar scoil gach maidin.

Bhíodh na ceachtanna furasta.

Bhíodh na ceachtanna deacair.

Bhíodh saol bog aige.

Bhíodh saol crua aige.

Bhíodh sé ag díol éisc.	*He used to sell fish.*
Bhíodh siad ag imirt linne fadó.	*They used play with us long ago.*
Bhíodh sé níos saoire ná sin.	*It was (used to be) cheaper than that.*
Ní bhíodh an t-am acu níos mó a dhéanamh.	*They didn't have time to do any more.*
Ní bhíodh duine le feiceáil ann.	*There wasn't one to be seen there.*
Ní bhíodh sé ann go rómhinic.	*He used not be there too often.*

thug *brought*

déanamh *make ("brand")*   úd *that, yonder*

NEIGHBOURLY INTEREST

Séamas asks Pádraig about the car he bought.

SÉAMAS	Chuala mé gur cheannaigh tú carr, a Phádraig ?
PÁDRAIG	Cheannaigh, ach níor thug mé abhaile go fóill é.
SÉAMAS	Cén déanamh é ?
PÁDRAIG	An bhfuil a fhios agat an cineál úd a bhíodh ag an seansagart paróiste ?
SÉAMAS	Is cuimhin liom go maith an saghas sin. Is iad a bhíodh go maith.
PÁDRAIG	Déarfainn go bhfuil an ceann seo go maith freisin.
SÉAMAS	Go maire tú é, cibé ar bith.
PÁDRAIG	Go raibh maith agat, a Shéamais.

SÉAMAS	*I heard you bought a car, Pádraig.*
PÁDRAIG	*I did, but I didn't bring it home yet.*
SÉAMAS	*What make is it ?*
PÁDRAIG	*Do you know that kind the old parish priest had ?*
SÉAMAS	*I remember that kind well. They were good.*
PÁDRAIG	*I'd say this one is good also.*
SÉAMAS	*Good luck with it, anyway.*
PÁDRAIG	*Thanks, Séamas.*

-f(e)á *you would* ——

gheofá *you would get*	ní bhfaighfeá *you wouldn't get*
d'fheicfeá *you would see*	ní fheicfeá *you wouldn't see*
cheannófá *you would buy*	ní cheannófá *you wouldn't buy*

áit *place*

Gheofá san áit sin iad.

Ní bhfaighfeá san áit sin iad.

D'fheicfeá san áit sin iad.

Ní fheicfeá san áit sin iad.

Cheannófá san áit sin iad.

Ní cheannófá san áit sin iad.

Gheofá in áit ar bith iad.	*You'd get them anywhere.*
Ní bhfaighfeá ar an airgead sin iad.	*You wouldn't get them for that money.*
D'fheicfeá i siopa ar bith iad.	*You'd see them in any shop.*
Ní fheicfeá rud ar bith in áit mar sin.	*You wouldn't see a thing in a place like that.*
Cheannófá saor ansin iad.	*You'd buy them cheap there.*
Ní cheannófá ceann chomh daor leis sin.	*You wouldn't buy one as dear as that.*

94

thiocfá *you would come*

an dtiocfá ? *would you come ?*   an chathair *the city*
ba chuma liom *I wouldn't care*   sa tsráid   *in the street, in the village*

A NEW HAT

Cáit asks Nóra about going to the city to buy a hat.

CÁIT An dtiocfá liom go dtí an chathair lá éigin, a Nóra ?
NÓRA Ní raibh mé ag smaoineamh air. Cén fáth ?
CÁIT Ba mhaith liom hata a cheannach.
NÓRA Nach gceannófá sa tsráid anseo é ?
CÁIT Hata a cheannach sa bhaile anseo ! Bheadh a fhios ag gach duine cén luach a bhí air.
NÓRA Gheofá níos saoire anseo é, ar aon chuma.
CÁIT Ba chuma liom sin. B'fhearr liom é a cheannach sa chathair.

CÁIT *Would you come to the city with me some day, Nóra ?*
NÓRA *I wasn't thinking of it. Why ?*
CÁIT *I'd like to buy a hat.*
NÓRA *Wouldn't you buy it here in the village ?*
CÁIT *Buy a hat at home here ! Everyone would know the price of it.*
NÓRA *You'd get it cheaper here, anyway.*
CÁIT *I wouldn't care about that. I'd prefer to buy it in the city.*

95

-f(a)idís *they would* ——

chuirfidís	*they would put, send*	go gcuirfidís	*that they'd send*
ní chuirfidís	*they wouldn't send*	nach gcuirfidís	*that they wouldn't send*

scéala	*news*	teachtaireacht	*a message*
litir	*a letter*	teileagram	*a telegram*
pictiúr	*a picture*	airgead	*money*
chugam	*to me*	chugat	*to you*

Shílfeá go gcuirfidís scéala chugat.

Shílfeá go gcuirfidís teachtaireacht chugat.

Shílfeá go gcuirfidís litir chugat.

Shílfeá go gcuirfidís teileagram chugat.

Shílfeá go gcuirfidís pictiúr chugat.

Shílfeá go gcuirfidís airgead chugat.

Shílfeá go gcuirfidís chugat é.	*You'd think they'd send it to you.*
Shílfeá go gcuirfidís abhaile in am iad.	*You'd think they'd send them home in time.*
Nach sílfeá go raibh sí chomh sean le mo mháthair ?	*Wouldn't you think she was as old as my mother ?*
Nach sílfeá go gcuirfidís éadaí maithe orthu ?	*Wouldn't you think they'd put good clothes on them ?*
Shílfeá go dtiocfaidís abhaile linn.	*You'd think they'd come home with us.*
Ba chuma liom ach é a cheannach.	*I wouldn't care if only I could buy it.*

uathu *from them*

a bhean chéile	*his wife*	le haghaidh na Nollag	*for Christmas*
cúpla focal	*a few words*	buíochais	*(of) thanks*

RELATIVES

Cáit and Nóra discuss the ingratitude of Cáit's relatives.

NÓRA Cén chaoi a bhfuil do dheartháir agus a bhean chéile ?

CÁIT Níl a fhios agam. Scéala ar bith níor tháinig uathu le fada.

NÓRA Nach síleá anois go gcuirfidís litir abhaile chugat ?

CÁIT Shílfeá go gcuirfeadh a bhean scéala éigin chugainn, ceart go leor.

NÓRA Agus bhí tú an-mhaith dóibh nuair a tháinig siad abhaile le haghaidh na Nollag.

CÁIT Ní bhfuair mé litir uathu ó shin.

NÓRA Shílfeá go gcuirfidís cúpla focal buíochais chugat, cibé ar bith.

NÓRA *How are your brother and his wife ?*

CÁIT *I don't know. I didn't hear from them for a long time.*

NÓRA *Wouldn't you think now they'd write home to you ?*

CÁIT *You'd think his wife would send us some news, right enough.*

NÓRA *And you were very good to them when they came home for Christmas.*

CÁIT *I didn't get a letter from them since.*

NÓRA *You'd think they'd send a few words of thanks to you, anyway.*

97

cónaí   *residing, living*

tá sé ina chónaí ann	*he is living there*
tá sí ina cónaí ann	*she is living there*
tá siad ina gcónaí ann	*they are living there*

na fir   *the men*   na mná   *the women*

Cá bhfuil na buachaillí sin ina gcónaí ?

Cá bhfuil na fir sin ina gcónaí ?

Cá bhfuil na cailíní sin ina gcónaí ?

Cá bhfuil na mná sin ina gcónaí ?

Cá bhfuil na leanaí sin ina gcónaí ?

Cá bhfuil na daoine sin ina gcónaí ?

Tá sé ina chónaí sa chathair le fada.	*He's living in the city for a long time.*
Tá sé féin agus a bhean chéile ina gcónaí sa bhaile mór anois.	*He and his wife are living in the town now.*
Níl aon duine ina chónaí sa teach sin.	*No one lives in that house.*
Bhíodh an sagart paróiste ina chónaí sa teach úd fadó.	*The parish priest lived in that house (yonder) long ago.*
Ní bhíodh sé ina chónaí ansin cúpla bliain ó shin.	*He didn't live there a few years ago.*
Ní chuirfeá aon duine a chónaí san áit sin.	*You wouldn't put anyone living in that place.*

98

sular *before*

phós sé	*he married*	pósta	*married*
le déanaí	*lately*	le roinnt blianta	*for some years past*
Sasana	*England*	aıt	*strange*

MORE RELATIVES

Pádraig asks Séamas about his son.

PÁDRAIG   An bhfuair tú scéala ó do mhac le déanaí, a Shéamais ?
SÉAMAS   Ní fada ó fuair mé litir uaidh.
PÁDRAIG   Cá bhfuil sé ina chónaí ar chor ar bith ?
SÉAMAS   Bhíodh sé ina chónaí i mbaile beag éigin i Sasana sular phós sé.
PÁDRAIG   Níor chuala mé riamh gur phós sé.
SÉAMAS   Tá sé pósta le roinnt blianta. Tá sé féin agus a bhean chéile ina gcónaí i Londain ó shin.
PÁDRAIG   Nach ait nár chuala mé é sin, anois ?

PÁDRAIG   *Did you hear from your son lately, Séamas ?*
SÉAMAS   *I had a letter from him not long ago.*
PÁDRAIG   *Where is he living at all ?*
SÉAMAS   *He used to live in some little town in England before he got married.*
PÁDRAIG   *I never heard he got married.*
SÉAMAS   *He's married some years. He and his wife live in London since then.*
PÁDRAIG   *Isn't it strange I didn't hear that now ?*

99

bhídís *they used be*

níos fearr	*better*		níos measa	*worse*
níos mó	*bigger*		níos lú	*smaller*
níos faide	*longer*		níos deise	*nicer*

Shíl mé go mbídís níos fearr ná sin.

Shíl mé go mbídís níos measa ná sin.

Shíl mé go mbídís níos mó ná sin.

Shíl mé go mbídís níos lú ná sin.

Shíl mé go mbídís níos faide ná sin.

Shíl mé go mbídís níos deise ná sin.

Bhídís níos measa sa gheimhreadh.	They were worse in the winter.
Bhídís níos fearr sular tháinig an aimsir fhuar.	They were better before the cold weather came.
Bhídís ina gcónaí sa chathair fadó.	They lived in the city long ago.
Bhídís anseo go minic nuair a bhíodh na leanaí sa bhaile.	They were often here when the children were at home.
Shílfeá go mbídís féin an-ghnóthach.	You'd think they were very busy themselves.
Shílfeá nach mbídís féin tinn riamh.	You'd think they themselves were never sick.

nár *that (negative)*

fuair N bás *N died*   bean chéile Shéamais *Séamas's wife*

thug sé   *he brought*   beo   *alive*

LOCAL NEWS

Pádraig passes on to Nóra the information about Séamas's son.

PÁDRAIG   Bhí mé ag caint le Séamas aréir. Ní raibh a fhios agam
          go raibh a mhac pósta.
NÓRA   Tá cinnte. Tá sé pósta le roinnt blianta anois.
PÁDRAIG   Shílfeá anois go mbeadh a fhios agam faoi sin.
NÓRA   Bhí sé pósta sula bhfuair bean chéile Shéamais bás.
PÁDRAIG   Is dócha nár thug sé a bhean chéile abhaile leis riamh ?
NÓRA   Bhídís sa bhaile anseo ceart go leor nuair a bhí an
          tseanbhean beo.
PÁDRAIG   Ní cuimhin liom go bhfaca mé riamh anseo iad.

PÁDRAIG   *I was talking to Séamas last night. I didn't know his son
          was married.*
NÓRA   *He is indeed. He's married some years now.*
PÁDRAIG   *You'd think now I'd know about that.*
NÓRA   *He was married before Séamas's wife died.*
PÁDRAIG   *I suppose he never brought his wife home with him.*
NÓRA   *They used be home right enough when the old woman was
          alive.*
PÁDRAIG   *I don't remember ever having seen them here.*

ag smaoineamh ar   *thinking of*

an duine sin	*that person*	na daoine sin	*those people*
an rud sin	*that thing*	na rudaí sin	*those things*
an ceann sin	*that one*	na cinn sin	*those ones*

Nílim ag smaoineamh ar an duine sin.

Nílim ag smaoineamh ar na daoine sin.

Nílim ag smaoineamh ar an rud sin.

Nílim ag smaoineamh ar na rudaí sin.

Nílim ag smaoineamh ar an gceann sin.

Nílim ag smaoineamh ar na cinn sin.

Céard air a bhfuil tú ag smaoineamh anois ?	*What are you thinking of now ?*
Táim ag smaoineamh ar a dhéanaí is atá sé.	*I'm thinking of how late it is.*
Níl tú ag smaoineamh ar dhul abhaile fós ?	*You're not thinking of going home yet ?*
Ba cheart duit a bheith ag smaoineamh air.	*You ought to be thinking about it.*
Is minic a bhí mé ag smaoineamh air sin.	*I was often thinking of that.*
Ní maith liom smaoineamh air !	*I don't like to think of it !*

a	*who*		
i d'aonar	*(you) alone*	i do chónaí	*(you) residing*
uaigneach	*lonely*	phósfadh	*would marry*
de mo leithéid	*of my kind, like me*		

IDEAS!

Cáit suggests that Séamas might think of marrying again.

CÁIT   Nach mbíonn tú uaigneach, a Shéamais, i do chónaí i d'aonar sa teach mór sin?

SÉAMAS Ní bhíonn. Ní bhíonn an t-am agam a bheith ag smaoineamh air.

CÁIT   Nach gcuirfeá do shúil ar chailín éigin anois a phósfadh thú?

SÉAMAS Cén cailín a bheadh sásta le seanduine de mo leithéid?

CÁIT   Níl tú chomh sean sin nach bhfaighfeá bean in áit éigin.

SÉAMAS Beidh mé ag smaoineamh air, b'fhéidir.

CÁIT   *Aren't you lonely, Séamas, living alone in that big house?*

SÉAMAS *No. I haven't time to think of it.*

CÁIT   *Wouldn't you put an eye on some girl now that would marry you?*

SÉAMAS *What girl would be satisfied with an old fellow like me?*

CÁIT   *You're not so old you wouldn't get a wife somewhere.*

SÉAMAS *I'll be thinking about it, maybe.*

bheifeá   *you would be*

an mbeifeá ?	*would you be ?*	go mbeifeá	*that you'd be*
ní bheifeá	*you wouldn't be*	nach mbeifeá (?)	*wouldn't you be ?*
			that you wouldn't be.

dall	*blind*	bodhar	*deaf*
gnóthach	*busy*	tuirseach	*tired*
dána	*bold*	uaigneach	*lonely*

Ní bheifeá chomh dall sin.

Ní bheifeá chomh bodhar sin.

Ní bheifeá chomh gnóthach sin.

Ní bheifeá chomh tuirseach sin.

Ní bheifeá chomh dána sin.

Ní bheifeá chomh huaigneach sin.

Bheifeá tuirseach ag éisteacht leo.	*You'd be tired listening to them.*
Ní bheifeá ag smaoineamh ar theacht abhaile ?	*You wouldn't be thinking of coming home ?*
Nach mbeifeá níos fearr gan an seanhata sin ort ?	*Wouldn't you be better without that old hat on you ?*
Bheifeá níos deise gan an ribín sin ort.	*You'd be nicer without that ribbon on you.*
An mbeifeá uaigneach gan na páistí anseo ?	*Would you be lonely without the children here ?*
Nach mbeifeá ag smaoineamh ar a dhéanaí atá sé ?	*Wouldn't you be thinking of how late it is ?*

ar leith *special, particular*

c(h)omhairle	*advice*	p(h)ósadh	*marriage, marrying, to marry*
aire	*attention, care*	níos fearr as	*better off*
abair leat !	*talk away !*	dhéanfá	*you would do, make*

IDEAS GROW

Séamas broaches to Pádraig the idea of getting married again.

SÉAMAS   Ba mhaith liom do chomhairle a iarraidh faoi rud éigin, a Phádraig.
PÁDRAIG   Abair leat ! Céard faoi ?
SÉAMAS   Ag smaoineamh ar phósadh arís atáim.
PÁDRAIG   Dhéanfá rud níos measa, b'fhéidir.   An bhfuil tú ag smaoineamh ar aon bhean ar leith ?
SÉAMAS   Nílim, go fóill, ar aon chuma.
PÁDRAIG   Bheifeá níos fearr as dá mbeadh bean ag tabhairt aire duit.
SÉAMAS   Is dócha go bhfuil an ceart agat.   Beidh mé ag smaoineamh air tamall eile.

SÉAMAS   *I'd like to ask your advice on something, Pádraig.*
PÁDRAIG   *Talk away ! What about ?*
SÉAMAS   *I'm thinking of marrying again.*
PÁDRAIG   *You could do worse, maybe.   Are you thinking of any particular woman ?*
SÉAMAS   *No, not yet, anyway.*
PÁDRAIG   *You'd be better off if a woman were taking care of you.*
SÉAMAS   *I suppose you're right.   I'll be thinking of it for another while.*

105

in éineacht le   *in company with, along with*

bhíomar	*we were*	ní rabhamar	*we were not*
athair Sheáin	*Seán's father*	athair Cháit	*Cáit's father*
athair Shéamais	*Séamas's father*	athair Nóra	*Nóra's father*
athair Phádraig	*Pádraig's father*	athair Mháire	*Máire's father*

Bhíomar in éineacht le hathair Sheáin.

Bhíomar in éineacht le hathair Cháit.

Bhíomar in éineacht le hathair Shéamais.

Bhíomar in éineacht le hathair Nóra.

Bhíomar in éineacht le hathair Phádraig.

Bhíomar in éineacht le hathair Mháire.

Bheifeá in éineacht leis na cailíní eile.	*You'd be in company with the other girls.*
Ní rabhamar in éineacht leatsa.	*We weren't in company with you.*
Bhídís in éineacht le daoine eile ag teacht abhaile dóibh.	*They used be with other people coming home.*
Bheifeá in éineacht le hathair Sheáin.	*You'd be with Seán's father.*
Beidh tú in éineacht le máthair Mháire.	*You will be with Máire's mother.*
Cé a bhí in éineacht leo ar an mbealach abhaile ón scoil ?	*Who was with them on the way home from school ?*

dó   *to him*
dósan   *to him (emphatic)*

nach cuma dósan ? *isn't it a*   nár mhaith dó ? *wouldn't it be*
matter of indifference to him ?   *good for him ?*

SPREADING THE NEWS

Pádraig has big news for Nóra.

PÁDRAIG   Bhí mé in éineacht le Séamas aréir. Bhíomar ag caint ar ghnó mór éigin.
NÓRA   Gnó mór, an ea ? Cén gnó é ?
PÁDRAIG   D'iarr sé mo chomhairle faoi phósadh arís.
NÓRA   Séamas ag smaoineamh ar phósadh arís !
PÁDRAIG   Sea, nár mhaith dó bean a bheith aige le haire a thabhairt dó ?
NÓRA   Agus céard faoina mhac ? Ní bheadh seisean róshásta.
PÁDRAIG   Nach cuma dósan agus é thall i Sasana ?

PÁDRAIG   *I was with Séamas last night. We were talking of some important matter.*
NÓRA   *Important matter, is it ? What was it ?*
PÁDRAIG   *He asked my advice about getting married again.*
NÓRA   *Séamas thinking of marrying again !*
PÁDRAIG   *Yes, wouldn't it be good for him to have a wife to look after him ?*
NÓRA   *And what about his son ? He wouldn't be too satisfied.*
PÁDRAIG   *Isn't it a matter of indifference to him and he over in England ?*

107

a *which, that*

atá	*which is (now)*	a bhí	*which was*
a bhíonn	*which is (usually)*	a bheidh	*which will be*

Domhnach a bhí ann *it was a Sunday*

Luan	*a Monday*	Máirt	*a Tuesday*
Céadaoin	*a Wednesday*	Déardaoin	*a Thursday*
Aoine	*a Friday*	Satharn	*a Saturday*

Luan a bhí ann. Máirt a bhí ann.

Céadaoin a bhí ann. Déardaoin a bhí ann.

Aoine a bhí ann. Satharn a bhí ann.

An Chéadaoin atá ann inniu.	*It is Wednesday today.*
An Mháirt a bhí ann inné.	*It was Tuesday yesterday.*
An Déardaoin a bheidh ann amárach.	*It will be Thursday tomorrow.*
Lá maith spóirt a bhíonn ann.	*It is (usually) a good day's sport.*
Athair Sheáin a bhí ann.	*It was Seán's father (who was there).*
Fear dall a bhí ann.	*It was a blind man (who was there).*

céard faoi N ?	*what about N ?*		
an bheirt acu	*the two of them*	gortaithe	*cut, injured*
lámh thinn	*a sore hand*	a ghlúin	*his knee*
ag cur air	*troubling him*	gearrtha	*cut*

AN ACCIDENT

Seán tells his mother why Tomás wasn't at school.

SEÁN   Ní raibh Tomás ar scoil inniu, a mhamaí.
NÓRA   Cén fáth, an bhfuil a fhios agat ?
SEÁN   Lámh thinn atá ag cur air, a dúirt a dhearthráir leis an múinteoir.
NÓRA   Céard a tharla dó ?
SEÁN   Bhí sé ar rothar in éineacht le Peadar, agus thit an bheirt acu.
NÓRA   Agus céard faoi Pheadar ? An raibh seisean gortaithe ?
SEÁN   Ní raibh air ach a ghlúin a bheith gearrtha. Bhí sé ar scoil inniu.

SEÁN   *Tomás wasn't at school today, mammy.*
NÓRA   *I wonder why ?*
SEÁN   *He has a sore arm, his brother told the teacher.*
NÓRA   *What happened to him ?*
SEÁN   *He was on a bicycle with Peadar, and the two of them fell.*
NÓRA   *And what about Peadar ? Was he injured ?*
SEÁN   *He had only a cut knee. He was at school today.*

an gcuireann tú ?	*do you put ?*
cuirim	*I put*
ní chuirim	*I don't put*

Similarly

feiceann	*sees*	creideann	*believes*
tuigeann	*understands*	síleann	*thinks*
cloiseann	*hears*	aithníonn	*recognises*

An bhfeiceann tú (é) sin ? An gcreideann tú (é) sin ?

An dtuigeann tú (é) sin ? An síleann tú (é) sin ?

An gcloiseann tú (é) sin ? An aithníonn tú (é) sin ?

Creidim gur tinneas cinn atá uirthi.	*I believe she has a headache.*
Ní shílim go bhfuil sí gortaithe.	*I don't think she's injured.*
Creidim go bhfuil athair Sheáin tagtha anois.	*I believe Seán's father has come now.*
Aithním an duine atá in éineacht leis.	*I recognise the person with him.*
Tuigim níos fearr anois é, ceart go leor.	*I understand it better now, right enough.*
Nach bhfeiceann tú máthair Cháit riamh ?	*Don't you ever see Cáit's mother ?*

tá siad á rá *they're saying it*

íontach *strange, wonderful*   fíor *true*

CERTAINTY

Cáit hears the result of her joke without recognising her own part in it.

NÓRA   Ar chuala tú an scéal iontach faoi Shéamas, a Cháit?
CÁIT   Cén scéal é?
NÓRA   Tá siad á rá go bhfuil sé ag smaoineamh ar phósadh arís.
CÁIT   Níor chuala mé dada faoi. An gcreideann tú go bhfuil sé
       fíor?
NÓRA   Síleann Pádraig go bhfuil, ar aon chuma. Bhí Séamas ag
       iarraidh a chomhairle air.
CÁIT   Creidim go ndúirt Séamas rud éigin mar sin liom féin tamall
       ó shin, ceart go leor.
NÓRA   An bhfeiceann tú sin anois? Is dócha go bhfuil sé fíor'
       mar sin.

NÓRA   *Did you hear the strange story about Séamas, Cáit?*
CÁIT   *What story?*
NÓRA   *They're saying he's thinking of marrying again.*
CÁIT   *I heard nothing of it. Do you believe it's true?*
NÓRA   *Pádraig thinks it is, anyway. Séamas was asking his advice.*
CÁIT   *I believe Séamas mentioned something like that to myself
       some time ago, right enough.*
NÓRA   *Do you see that, now? I suppose it's true, so.*

111

bím	*I am (regularly)*
ní bhím	*I am not (regularly)*

thall	*yonder*	lampa	*a lamp*
thiar	*over (west)*	solas	*a light*
thoir	*over (east)*	scáthán	*a mirror*

faoin bpictiúr *under the picture*   faoin bhfuinneog *under the window*

Bím thall ansin faoin lampa.

Bím thall ansin faoin solas.

Bím thall ansin faoin scáthán.

Bím thall ansin faoin bpictiúr.

Bim thall ansin faoin bhfuinneog.

Bím thall ansin faoin gclog.

Bím thiar ag an teach sin go minic.	*I'm often over (west) at that house.*
Ní bhím thoir ansin riamh.	*I'm never over (east) there.*
Bím thuas ansin anois agus arís.	*I'm up there now and again.*
Bím ag smaoineamh i gcónaí air.	*I'm always thinking of it.*
Ní bhím chomh mall le Seán.	*I'm not usually as late as Seán.*
Bím ag imirt cártaí gach oíche ann.	*I play cards there every night.*

rachfá   *you would go*

ab fhearr	*that would be better*	ag cuimhneamh ar	*considering*
b'shin é a—	*that was what—*	sula bhfaighfeá	*before you would get*

THE PLOT THICKENS

Séamas introduces the lady's name in a conversation with Pádraig.

SÉAMAS   An mbíonn tú riamh thiar ag an gCrois Bheag, a Phádraig ?

PÁDRAIG   Bím ann anois agus arís. Cén fáth ?

SÉAMAS   An bhfuil aon aithne agat ar Shíle Nic Uidhir thiar ansin ?

PÁDRAIG   Tá, cinnte. An bhfuil tú ag cuimhneamh uirthi mar bhean duit féin, anois ?

SÉAMAS   Ní bheadh a fhios agat, maise. Céard a shíleann tú di ?

PÁDRAIG   Rachfá i bhfad sula bhfaighfeá bean ab fhearr ná í.

SÉAMAS   B'shin é a shíl mé, ceart go leor.

SÉAMAS   *Are you ever at Crossbeg, Pádraig ?*

PÁDRAIG   *I'm over there now and again. Why ?*

SÉAMAS   *Do you know Síle Maguire over there ?*

PÁDRAIG   *I do, certainly. Are you considering her as a wife for yourself, now ?*

SÉAMAS   *You wouldn't know, indeed. What do you think of her ?*

PÁDRAIG   *You'd go far before you'd find a better wife than her.*

SÉAMAS   *That's what I thought, right enough.*

113

	deir	*says*	
an ndeir tú liom é ?	*do you tell me so ?*	deir sé	*he says*
deirim	*I say*	deir siad	*they say*
an halla	*the hall*	an seomra suite	*the sitting-room*
an chistin	*the kitchen*	an seomra bia	*the dining-room*
an seomra codlata	*the bedroom*	an seomra folctha	*the bathroom*

Deir sé go bhfuil sé sa halla.

Deir sé go bhfuil sé sa seomra suite.

Deir sé go bhfuil sé sa chistin.

Deir sé go bhfuil sé sa seomra bia.

Deir sé go bhfuil sé sa seomra codlata.

Deir sé go bhfuil sé sa seomra folctha.

Deirim go bhfuil an ceart aige.
I say he's right.

Deir sí go mbeifeá deireanach anois.
She says you'd be late now.

An ndeir tú go bhfeiceann tú anois é ?
Do you say you see him now ?

Deir siad go bhfuil sé thall faoin staighre.
They say it's beyond under the stairs.

Táim ag cuimhneamh ar an rud a deir tú faoi.
I'm considering what you say about it.

Ní chreideann sé aon rud a deir tú.
He doesn't believe anything you say.

triúr *three (persons)*

ceolchoirm	*concert*	gorm	*blue*
ar eolas	*known ("learned")*	á dhéanamh	*doing it*

THE CONCERT

Máire tells her mammy she will need a new frock.

MÁIRE Deir an múinteoir go mbeidh ceolchoirm againn go luath, a mhamaí.
NÓRA An mbeidh anois? Agus an mbeidh tusa ann?
MÁIRE Beidh. Agus deir sí freisin go gcaithfidh mé gúna glas a fháil dó.
NÓRA Gúna glas! Ach nach bhfuil gúna deas gorm agat?
MÁIRE Ach beidh mé ag damhsa le triúr eile agus beidh gúnaí den dath céanna orainn go léir.
NÓRA An bhfuil an damhsa ar eolas agat?
MÁIRE Tá, cinnte. Bím á dhéanamh sa scoil leis na cailíní eile gach lá.

MÁIRE *The teacher says we shall have a concert soon, mammy.*
NÓRA *Will you, now? And will you be in it?*
MÁIRE *I will. And she says also I'll have to get a green frock for it.*
NÓRA *A green frock! But haven't you a nice blue frock?*
MÁIRE *But I'll be dancing with three others and each of us will wear frocks of the same colour.*
NÓRA *And do you know the dance?*
MÁIRE *I do, certainly. I do it in school with the other girls every day.*

115

nuair *when*

téann sé	*he goes*	ritheann sé	*he runs*
tagann sé	*he comes*	siúlann sé	*he walks*
imíonn sé	*he goes off*	tiomáineann sé	*he drives*
thart	*by, past*	teach tábhairne	*public-house*

Feicim é nuair a théann sé thart.

Feicim é nuair a ritheann sé thart.

Feicim é nuair a thagann sé thart.

Feicim é nuair a shiúlann sé thart.

Feicim é nuair a imíonn sé thart.

Feicim é nuair a thiomáineann sé thart.

Téann Pádraig go dtí an teach tábhairne gach oíche.	*Pádraig goes to the public-house every night.*
Tagann sé abhaile go deireanach.	*He comes home late.*
Imíonn sé leis a chodladh ansin.	*He goes off to bed then.*
Cloiseann a bhean é nuair a thagann sé isteach.	*His wife hears him when he comes in.*
Ní ritheann sé in airde staighre, ar ndóigh.	*He doesn't run upstairs, of course.*
Siúlann sé go ciúin nuair a thagann sé isteach sa teach.	*He walks quietly when he comes into the house.*

	a dhéanann	*who do*	
cailíní amháin	*girls only*	ceoil	*(of) music*
préachán	*a crow*	níl aon cheol aige	*he can't sing*

SOUR GRAPES!

Seán considers that only girls dance at concerts.

NÓRA   An mbeidh tusa sa cheolchoirm, a Sheáin?

SEÁN   Ní bheidh. Cailíní amháin a dhéanann damhsa ag ceolchoirm.

NÓRA   Agus céard a bhíonn ar siúl agatsa nuair a bhíonn na daoine eile ag foghlaim ceoil agus damhsa?

SEÁN   Bím ag obair. Bíonn ceacht éigin á dhéanamh agam.

MÁIRE   Deir an múinteoir gur préachán é. Níl aon cheol aige.

NÓRA   Bíonn go leor ceoil aige nuair a thagann sé abhaile, maise.

NÓRA   *Will you be in the concert, Seán?*

SEÁN   *No. Only girls dance at a concert.*

NÓRA   *And what do you do when the others are learning music and dancing?*

SEÁN   *Working. I do some lesson.*

MÁIRE   *The teacher says he's a crow. He can't sing.*

NÓRA   *He can sing well enough when he comes home, then.*

117

bhíodh *was, were, "used to be"*

bhíodh sibh	*you used to be*	an mbíodh sibh ?	*used you be ?*
ní bhíodh sibh	*you used not be*	nach mbíodh sibh ?	*usedn't you be ?*
teach ósta	*an hotel*	teach tábhairne	*a public-house*
pictiúrlann	*a cinema*	leabharlann	*a library*
amharclann	*a theatre*	ospidéal	*an hospital*

Nach mbíodh sibh sa teach ósta sin go minic ?

Nach mbíodh sibh sa teach tábhairne sin go minic ?

Nach mbíodh sibh sa phictiúrlann sin go minic ?

Nach mbíodh sibh sa leabharlann sin go minic ?

Nach mbíodh sibh san amharclann sin go minic ?

Nach mbíodh sibh san ospidéal sin go minic ?

Bhíodh Pádraig ag na pictiúir go minic nuair a bhí sé óg.
Pádraig was at the pictures often when he was young.

Bhíodh Nóra ag na pictiúir freisin.
Nóra was also at the pictures.

Ní minic a bhíodh sé sa teach tábhairne.
It's not often he was in the public-house.

Is fearr leis anois an teach tábhairne ná an phictiúrlann.
He prefers the public-house now to the cinema.

Feiceann sé Séamas nuair a théann sé ann.
He sees Séamas when he goes there.

Siúlann an bheirt acu abhaile le chéile.
The two of them walk home together.

níos minice   *more often*

lena chairde   *with his friends*   oíche (*one) night*

DIFFICULT QUESTIONS!

Máire has some probing questions for her mother.

MÁIRE   Ní théann tusa agus daidí go dtí na pictiúir riamh, a mhamaí. Cén fáth?

NÓRA   Níl a fhios agam. Ní maith le daidí anois iad, is dócha.

MÁIRE   An mbíodh sibh ag na pictiúir níos minice fadó?

NÓRA   Bhíodh, is dócha. Ach ní raibh an teilifís againn an t-am sin.

MÁIRE   Agus cá mbíonn daidí nuair a théann sé amach san oíche?

NÓRA   Buaileann sé lena chairde, is dócha.

MÁIRE   Chonaic mise ag dul isteach sa teach tábhairne oíche é.

MÁIRE   *You and daddy never go to the pictures, mammy. Why?*

NÓRA   *I don't know. Daddy doesn't like them now, probably.*

MÁIRE   *Were you at the pictures more often long ago?*

NÓRA   *We were, probably. But we had no television then.*

MÁIRE   *And where is daddy usually when he goes out at night?*

NÓRA   *He meets his friends, probably.*

MÁIRE   *I saw him going into the public-house one night.*

119

ná (*negatives an order*)
gan *not to*

caith clocha	*throw stones*	gan clocha a chaitheamh *not to throw stones*
caith páipéir	*throw papers*	gan páipéir a chaitheamh *not to throw papers*
caith toitíní	*smoke cigarettes*	gan toitíní a chaitheamh *not to smoke cigarettes*

Ná caith clocha anseo.

Abair leis gan clocha a chaith-
eamh anseo.

Ná caith páipéir anseo.

Abair leis gan páipéir a chaith-
eamh anseo.

Ná caith toitíní anseo.

Abair leis gan toitíní a chaith-
eamh anseo.

Ná caith an chloch sin, a Sheáin.	*Don't throw that stone, Seán.*
Céard a deir tú faoi chloch a chaitheamh, a mhamaí?	*What do you say about throwing a stone, mammy?*
Abair le Seán gan an chloch sin a chaitheamh.	*Tell Seán not to throw that stone.*
Ná déan é sin anois, a Sheáin.	*Don't do that now, Seán.*
Dúirt daidí gan é sin a dhéanamh.	*Daddy said not to do that.*
B'fhearr duit gan é a dhéanamh nuair a deir daidí é.	*It would be better for you not to do it when daddy says it.*

120

go *may (expressing a wish)*

sinn	*us*	á rá	*saying it*
go sábhála Dia sinn	*may God protect us*	á rá leis	*telling him*

DANGER !

Pádraig is annoyed to see Seán climbing up on the garage.

PÁDRAIG Go sábhála Dia sinn ! Féach an áit a bhfuil Seán anois !
NÓRA Cén áit é ?
PÁDRAIG In airde ar an ngaráiste. Céard a thugann air dul in airde ansin ?
NÓRA Is minic a dhéanann sé é. Táim tuirseach á rá leis gan é a dhéanamh.
PÁDRAIG Rith amach, a Mháire, agus abair leis gan dul· in airde ar an ngaráiste arís.
MÁIRE A Sheáin, deir daidí leat gan dul in airde ar an ngaráiste arís.
SEÁN Ní raibh a fhios agam go raibh daidí sa bhaile.

PÁDRAIG *May God save us ! Look where Seán is now !*
NÓRA *Where ?*
PÁDRAIG *Up on the garage. What makes him go up there ?*
NÓRA *He does it often. I'm tired telling him not to.*
PÁDRAIG *Run out, Máire, and tell him not to go up on the garage again.*
MÁIRE *Seán, daddy says you're not to go up on the garage again.*
SEÁN *I didn't know daddy was home.*

121

am   *time*

am dinnéir	*dinner time*	am lóin	*lunch time*
thagadh sé	*he came, (he used to come)*	ní thagadh sé	*he didn't come, (he used not come)*
théadh sé	*he went, (he used to go)*	ní théadh sé	*he didn't go, (he used not go)*
ritheadh sé	*he ran, (he used to run)*	ní ritheadh sé	*he didn't run, (he used not run)*

Thagadh sé abhaile am dinnéir.

Ní thagadh sé abhaile am lóin.

Théadh sé abhaile am dinnéir.

Ní théadh sé abhaile am lóin.

Ritheadh sé abhaile am dinnéir.

Ní ritheadh sé abhaile am lóin.

Thagadh sé abhaile anois agus arís.	*He came home now and again.*
Ní thagadh aon duine anseo ar laethanta saoire fadó.	*No one came here on holidays long ago.*
Bhíodh tusa as baile nuair a thagadh sé.	*You were away from home when he came.*
Théadh sé abhaile chun a mháthair a fheiceáil.	*He went home to see his mother.*
Théadh sé ann nuair a bhíodh an t-airgead aige.	*He went there when he had money.*
Ní théadh aon duine chun na háite sin riamh.	*No one ever went to that place.*

| an dtéadh N ? | *did N go ?* |
| go dtéadh N | *that N went* |

| c(h)éanna | *same* | teach do sheanmháthar | *your granny's house* |
| muintir | *people* | a mhuintir | *his people* |

FAMILY HISTORY

Máire is not too clear on family relationships.

MÁIRE	An dtéadh daidí ar an scoil chéanna leatsa fadó, a mhamaí ?
NÓRA	Ní théadh. Ní raibh aithne agam air san am sin.
MÁIRE	Cá raibh tú i do chónaí, mar sin ?
NÓRA	I dteach do sheanmháthar sa bhaile mór.
MÁIRE	Agus cé a bhí ina chónaí sa teach seo ?
NÓRA	D'athair, ar ndóigh. Bhí sé ina chónaí anseo lena mhuintir go léir.
MÁIRE	Shíl mé go mbíodh an bheirt agaibh ar scoil le chéile.

MÁIRE	*Did daddy go to the same school as you long ago, mammy ?*
NÓRA	*No. I didn't know him at that time.*
MÁIRE	*Where were you living, so ?*
NÓRA	*In grandmother's house, in the town.*
MÁIRE	*And who lived in this house ?*
NÓRA	*Your father, of course. He lived here with all his people.*
MÁIRE	*I thought the two of you were at school together.*

123

beimid   *we shall be*
ní bheimid *we shall not be*

ag súil leo *expecting them*	ag fanacht leo *waiting for them*
ag bualadh leo *meeting them*	ag caint leo *speaking to them*
ag súgradh leo *playing with them*	ag imeacht leo *going away with them*

Beimid ag súil leo ar ball.

Beimid ag fanacht leo ar ball.

Beimid ag bualadh leo ar ball.

Beimid ag caint leo ar ball.

Beimid ag súgradh leo ar ball.

Beimid ag imeacht leo ar ball.

Beimid ag caint lena mhuintir amárach.	*We shall be speaking to his people tomorrow.*
Beimid ag teacht níos minice sa samhradh.	*We shall be coming more often in summer.*
Beimid uaigneach ina diaidh.	*We shall be lonely after her.*
Ní bheimid rófhada anois.	*We shall not be too long now.*
Ní bheimid ach cúpla nóiméad eile.	*We shall be only a few more minutes.*
Ní bheimid ag imeacht abhaile go fóill.	*We shan't be going home yet.*

inár gcodladh	*sleeping, asleep (we)*	ár bpaidreacha	*our prayers*
ná	*nor*	ár gceachtanna	*our lessons*
go moch	*early (in the morning)*	go luath	*early, soon*

TOO LATE

Seán and Máire want to go out to play but their mother thinks it is too late.

SEÁN AGUS MÁIRE	An bhfuil cead againn dul amach ag súgradh, a mhamaí? Tá ár gceachtanna déanta againn.
NÓRA	Níl. Tá sé ródheireanach anois.
MÁIRE	Ach ní bheimid i bhfad, a mhamaí.
NÓRA	Beimid go léir inár gcodladh go luath anocht.
SEÁN	Ní maith liomsa dul a chodladh go luath, a mhamaí.
NÓRA	Ná ní maith leat éirí go moch ach oiread. Beimid ag rá ár bpaidreacha ar ball.

SEÁN AND MÁIRE	*May we go out to play, mammy? We have our lessons done.*
NÓRA	*No. It's too late now.*
MÁIRE	*But we won't be long, mammy.*
NÓRA	*We'll all be in bed early tonight.*
SEÁN	*I don't like to go to bed early, mammy.*
NÓRA	*Nor do you like to get up early either. We'll be saying our prayers shortly.*

in aice *near*

in aice an tí *near the house*	in aice an dorais *near the door*
chuireamar *we put*	níor chuireamar *we didn't put*
chaitheamar *we threw*	níor chaitheamar *we didn't throw*
d'fhágamar *we left*	níor fhágamar *we didn't leave*

Chuireamar in aice an tí iad.

Níor chuireamar in aice an dorais iad.

Chaitheamar in aice an tí iad.

Níor chaitheamar in aice an dorais iad.

D'fhágamar in aice an tí iad.

Níor fhágamar in aice an dorais iad.

D'fhágamar an rothar in aice an tí.	*We left the bicycle near the house.*
D'fhágamar an teach ródheireanach.	*We left the house too late.*
Chuireamar na páistí a chodladh go luath.	*We put the children to bed early.*
Chuireamar na páipéir ansin am lóin.	*We put the papers there at lunchtime.*
Níor fhágamar aon rud inár seomra.	*We didn't leave anything in our room.*
Níor chaitheamar an ceann deireanach go fóill.	*We didn't use (spend, smoke) the last one yet.*

chaitheamar *we had to*

dochtúir na scoile	*the school doctor*	inár ndiaidh	*after us*
faoi scrúdú	*under examination*	ní bheimidne	*we will not be (emphatic)*

LATE AGAIN

Nóra inquires why the children are late coming from school.

NÓRA   Tá sibh an-deireanach inniu. Cén fáth ?
SEÁN   Choinnigh an múinteoir istigh sinn. Chaitheamar an scoil a ghlanadh go maith.
NÓRA   Céard a bheidh ar siúl anois ?
SEÁN   Beidh dochtúir na scoile ag teacht amárach.
MÁIRE   Agus d'fhágamar an áit go deas glan inár ndiaidh.
NÓRA   Agus cén rang a bheidh faoi scrúdú aige ?
SEÁN   Na leanaí óga ar fad. Ní bheimidne faoi scrúdú aige ar chor ar bith.

NÓRA   *You're very late today. Why ?*
SEÁN   *The teacher kept us in. We had to clean the school well.*
NÓRA   *What's going to happen now ?*
SEÁN   *The school doctor will be coming tomorrow.*
MÁIRE   *And we left the place nice and clean after us.*
NÓRA   *And what class will he examine ?*
SEÁN   *All the young children. We won't be examined by him at all.*

daoibh *for you, to you (more than one person)*

rinneamar	*we did, made*	ní dhearnamar	*we didn't do, make*
fuaireamar	*we got*	ní bhfuaireamar	*we didn't get*
thugamar	*we gave*	níor thugamar	*we didn't give*

Rinneamar na rudaí sin daoibh cheana.

Ní dhearnamar na rudaí sin daoibh fós.

Fuaireamar na rudaí sin daoibh cheana.

Ní bhfuaireamar na rudaí sin daoibh fós.

Thugamar na rudaí sin daoibh cheana.

Níor thugamar na rudaí sin daoibh fós.

D'fhágamar cúpla milseán sa bhosca daoibh.	*We left a few sweets in the box for you.*
Chuireamar na rudaí sa charr daoibh.	*We put the things in the car for you.*
Fuaireamar an ceann seo in aice an tí.	*We got this one near the house.*
Níor fhágamar rud ar bith in aice an dorais.	*We didn't leave anything near the door.*
Ní dhearnamar dada air.	*We didn't do anything to him.*
Rinneamar ár gceachtanna fada ó shin.	*We did our lessons long ago.*

trí	*through*		
na páirceanna	*the fields*	roinnt bláthanna	*some flowers*
thángamar	*we came*	a choinneáil	*to keep*

PEACE OFFERING

Seán and Máire are late coming home from school, but have brought a peace offering.

MÁIRE AGUS
SEÁN Dia duit, a mhamaí.
NÓRA Dia's Muire daoibh. Nach mall atá sibh inniu?
SEÁN Thángamar abhaile trí na páirceanna, a mhamaí.
MÁIRE Agus fuaireamar roinnt bláthanna deasa duit, féach.
NÓRA Ba cheart daoibh teacht abhaile go díreach ón scoil.
MÁIRE Cén fáth, a mhamaí?
NÓRA Mar is deacair dinnéar a choinneáil te daoibh.

MÁIRE AND
SEÁN *Good day, mammy.*
NÓRA *Good day. Aren't you late today?*
SEÁN *We came home through the fields, mammy.*
MÁIRE *And we got some nice flowers for you, look.*
NÓRA *You should come straight home from school.*
MÁIRE *Why, mammy?*
NÓRA *Because it's difficult to keep dinner hot for you.*

táimid   *we are*

nílimid   *we are not*

níos mó ná	*bigger than*	níos lú ná	*smaller than*
níos fearr ná	*better than*	níos measa ná	*worse than*
níos óige ná	*younger than*	níos sine ná	*older than*

iadsan   *them (emphatic)*

Táimid níos mó ná iadsan.

Nílimid níos lú ná iadsan.

Táimid níos fearr ná iadsan.

Nílimid níos measa ná iadsan.

Táimid níos óige ná iadsan.

Nílimid níos sine ná iadsan.

Táimid chomh maith libhse.	*We are as good as you.*
Nílimid chomh dona sin, buíochas le Dia.	*We're not as bad as that, thank God.*
Táimid ag dul abhaile anois.	*We're going home now.*
Nílimid ag dul siar ansin anois.	*We're not going over (west) there now.*
Táimid ag imeacht anois díreach.	*We're going off now directly.*
Nílimid chomh mall sin, an bhfuil ?	*We're not as late as that, are we ?*

130

níos deise	*nicer*
níos luaithe	*earlier, sooner*

ná mar (a bhí sibh)	*than (you were)*	ar an mbealach	*on the way*
chonaiceamar	*we saw*	chualamar	*we heard*

A NEW BABY

Máire is excited at having seen O'Brien's new baby, but Seán is not impressed.

MÁIRE   Nílimid mall ag an dinnéar inniu, a mhamaí.

NÓRA   Tá sibh níos luaithe ná mar a bhí sibh inné, cibé ar bith.

SEÁN   Thángamar abhaile go díreach ón scoil.

MÁIRE   Agus chonaiceamar leanbh óg Uí Bhriain ar an mbealach.

NÓRA   An bhfaca, maise ? An deas an leanbh é ?

MÁIRE   Is deas, go deimhin. Tá sé níos deise ná aon leanbh eile a chonaic mé.

SEÁN   Chualamar ag gol é freisin. Is dócha go mbíonn sé dána.

MÁIRE   *We're not late for dinner today, mammy.*

NÓRA   *You're earlier than you were yesterday, anyway.*

SEÁN   *We came straight home from school.*

MÁIRE   *And we saw O'Brien's new baby on the way.*

NÓRA   *Did you, now ? Is it a nice baby ?*

MÁIRE   *It is indeed. It's nicer than any baby I ever saw.*

SEÁN   *We heard it crying too. I suppose it is usually bold.*

131

trasna   *across*

trasna an urláir *across the floor*	trasna an bhóthair *across the road*
trasna na sráide *across the street*	trasna na páirce *across the field*
trasna na habhann *across the river*	trasna na farraige *across the sea*

Bhíomar ag dul trasna an urláir.

Bhíomar ag dul trasna an bhóthair.

Bhíomar ag dul trasna na sráide.

Bhíomar ag dul trasna na páirce.

Bhíomar ag dul trasna na habhann.

Bhíomar ag dul trasna na farraige.

Rith an madra trasna na sráide inár ndiaidh.	*The dog ran across the street after us.*
Shiúil an fear go mall trasna an bhóthair.	*The man walked slowly across the road.*
Chuamar abhaile trasna na páirce.	*We went home across the field.*
Chonaiceamar iad ag teacht trasna na sráide.	*We saw them coming across the street.*
Ní bheimid i bhfad ag dul trasna go dtí an teach.	*We won't be long going across to the house.*
Chualamar an chaint ag teacht trasna na habhann chugainn.	*We heard talk coming across the river to us.*

chun *to, in order to*

chun an tí	*to the house*	chun í a fheiceáil	*in order to see her*
thugamar cuairt ar	*we visited*	ní fhacamar	*we didn't see*

VISITING

Cáit mentions that Nóra and Pádraig were out when she called last night.

CÁIT   Ní raibh sibh sa bhaile aréir, a Nóra ?

NÓRA   Ní raibh. Thugamar cuairt ar mo mháthair.

CÁIT   Sea, dúirt Seán liom go ndeachaigh sibh chun í a fheiceáil.

NÓRA   Ní fhacamar le tamall roimhe sin í agus chuamar trasna chun an tí aréir.

CÁIT   Cén chaoi a bhfuil sí ?

NÓRA   Go han-mhaith, buíochas le Dia ; níos fearr ná mar a bhí sí le fada.

CÁIT   Is maith sin.

CÁIT   *You weren't at home last night, Nóra.*

NÓRA   *No. We visited my mother.*

CÁIT   *Yes, Seán told me you went to see her.*

NÓRA   *We hadn't seen her for some time and we went across to the house last night.*

CÁIT   *How is she ?*

NÓRA   *Very well, thank God ; better than she was for a long time.*

CÁIT   *That's good.*

bímid   *we are (usually)*

ní bhímid   *we are not (usually)*

ag imirt cluichí *playing games*   ag imirt cártaí   *playing cards*
ag imirt peile   *playing football* ag imirt camógaí *playing camogie*
ag imirt leadóige *playing tennis*   ag imirt gailf   *playing golf*

Bímid ag imirt cluichí.

Bímid ag imirt cártaí.

Bímid ag imirt peile.

Bímid ag imirt camógaí.

Bímid ag imirt leadóige.

Bímid ag imirt gailf.

Bímid ag obair sa bhaile mór gach lá. — *We work in the town every day.*

Bímid ag caint leo go minic. — *We're often talking to them.*

Bímid níos luaithe ná sin gach lá eile. — *We are earlier than that every other day.*

Ní bhímid níos measa ná aon duine eile. — *We're not worse than anyone else.*

Ní bhímid in aice na háite sin riamh. — *We're never near that place.*

Ní bhímid inár gcodladh go luath aon oíche. — *We're not asleep early any night.*

ionadh	*wonder*		
tá ionadh orm	*I am surprised*	sa choláiste	*in the college*
na Cásca	*of Easter*	an saol	*life, times*
	imríonn	*play(s)*	

EARLY HOLIDAYS

Cáit is surprised to see Tomás, a University student, home on holidays.

CÁIT   Dia duit, a Thomáis. Tá ionadh orm nach bhfuil tú sa choláiste.

TOMÁS   Dia's Muire duit, a Cháit. Bímid ar ár laethanta saoire an t-am seo den bhliain.

CÁIT   Maise, céard iad na laethanta saoire atá anois ann?

TOMÁS   Laethanta saoire na Cásca. Thosaigh siad cúpla lá ó shin.

CÁIT   Is dócha go n-imríonn tú a lán cluichí sa choláiste?

TOMÁS   Bímid ag imirt peile gach Satharn. Sin é an cluiche is fearr liom.

CÁIT   Is breá an saol atá agaibh.

CÁIT   *Good day, Tomás. I'm surprised you're not in the college.*

TOMÁS   *Good day, Cáit. We are on holidays at this time of year.*

CÁIT   *What holidays are on now, then?*

TOMÁS   *The Easter holidays. They began a couple of days ago.*

CÁIT   *I suppose you play a lot of games at college?*

TOMÁS   *We play football every Saturday. That's the game I prefer*

CÁIT   *You have fine times.*

cuirimid   *we put (usually)*
ní chuirimid   *we do not put (usually)*

téimid	*we go*	ní théimid	*we don't go*
faighimid	*we get*	ní fhaighimid	*we don't get*
feicimid	*we see*	ní fheicimid	*we don't see*

Téimid go dtí an áit sin go minic.

Ní théimid go dtí an áit sin riamh.

Feicimid an duine sin go minic.

Ní fheicimid an duine sin riamh.

Faighimid na rudaí sin go minic.

Ní fhaighimid na rudaí sin riamh.

Cuirimid ag imirt cluichí iad.   *We set them to playing games.*
Cuirimid síos chun an tí ansin iad.   *We send them down to the house then.*
Cuirimid isteach sa teach iad gach oíche.   *We put them into the house every night.*
Ní chuirimid isteach sa gharáiste riamh é.   *We never put it into the garage.*
Ní chuirimid abhaile go róluath iad.   *We don't send them home too early.*
Ní chuirimid cótaí móra orainn riamh.   *We never put on overcoats.*

i gceann *at the end of*

| tagaimid | *we come* | an Cháisc | *Easter* |
| deireadh | *end* | deireadh seachtaine | *week-end* |

WELCOME HOME

Pádraig welcomes Tomás home and they have a short chat.

PÁDRAIG   Fáilte romhat, a Thomáis. Tháinig tú abhaile chugainn go luath.

TOMÁS   Tagaimid abhaile ag an am seo gach bliain.

PÁDRAIG   Tagann, is dócha. Ní fada go mbeidh an Cháisc ann anois, ar ndóigh.

TOMÁS   Ní fada ; i gceann cúpla seachtain eile.

PÁDRAIG   Is dócha go dtéann tú go dtí na cluichí peile go léir i mBaile Átha Cliath.

TOMÁS   Ní théim, maise. Bímid féin ag imirt gach deireadh seachtaine, tá a fhios agat.

PÁDRAIG   An mar sin é, anois ?

PÁDRAIG   *You're welcome, Tomás. You came home early to us.*

TOMÁS   *We come home at this time every year.*

PÁDRAIG   *You do, I suppose. It won't be long until Easter now, of course.*

TOMÁS   *No ; in another couple of weeks.*

PÁDRAIG   *I suppose you go to all the football matches in Dublin.*

TOMÁS   *I don't, then. We play ourselves every week-end, you know.*

PÁDRAIG   *Is that so, now ?*

chuirfidís	*they would put*
ní chuirfidís	*they would not put*

áthas	*joy*	brón	*sorrow*	
misneach	*courage*	faitíos	*timidity, shyness*	
fearg	*anger*	éad	*jealousy*	

Chuirfidís áthas ar dhuine.

Chuirfidís brón ar dhuine.

Chuirfidís misneach ar dhuine.

Chuirfidís faitíos ar dhuine.

Chuirfidís fearg ar dhuine.

Chuirfidís éad ar dhuine.

Chuirfidís fios ar an dochtúir.	*They would send for the doctor.*
Chuirfidís teachtaireacht go dtí an teach.	*They would send a message to the house.*
Chuirfidís scéala chugainn dá mbeadh caoi acu.	*They would send us news if they had the means.*
Ní chuirfidís litir abhaile chugam.	*They wouldn't send a letter home to me.*
Ní chuirfidís focal ar bith chugam.	*They wouldn't send me a word.*
Ní chuirfidís glaoch teileafóin orm.	*They wouldn't telephone me.*

thiocfaidís	*they would come*		
ní thiocfaidís	*they would not come*		

gheofá	*you would get*	dá dtabharfá	*if you would give*
níor mhiste	*it would be no harm*	cuireadh	*an invitation*

WORRIED

Nóra is worried that she hasn't heard recently from her parents.

NÓRA   Is fada ó bhí scéala agam ó m'athair agus mo mháthair.

PÁDRAIG   Is dócha go bhfuil siad go maith nó gheofá scéala éigin uathu.

NÓRA   Chuirfidís teachtaireacht chugam ceart go leor, dá mbeadh duine acu tinn.

PÁDRAIG   Thiocfaidís ar cuairt, b'fhéidir, dá dtabharfá cuireadh dóibh.

NÓRA   Ní thiocfaidís mura mbeadh aimsir níos fearr againn.

PÁDRAIG   Níor mhiste an cuireadh a thabhairt dóibh, cibé ar bith.

NÓRA   Níor mhiste, is dócha.

NÓRA   *It's a long time since I had news from my father and mother.*

PÁDRAIG   *It's likely they're well or you'd get some news from them.*

NÓRA   *They'd send a message, right enough, if one of them was ill.*

PÁDRAIG   *They'd come on a visit, perhaps, if you would invite them.*

NÓRA   *They wouldn't come unless we had better weather.*

PÁDRAIG   *It would be no harm to invite them anyway.*

NÓRA   *It wouldn't, I suppose.*

bliain *a year*

gach bliain *every year*

anuraidh *last year*

i mbliana *this year*

an bhliain seo chugainn *next year*

Bíonn sé anseo ar a laethanta saoire gach bliain.

Tá sé anseo ar a laethanta saoire i mbliana.

Bhí sé anseo ar a laethanta saoire anuraidh.

Beidh sé anseo ar a laethanta saoire an bhliain seo chugainn.

Bhíodh sé anseo ar a laethanta saoire gach bliain fadó.

Bheadh sé anseo ar a laethanta saoire i mbliana dá mbeadh sé beo.

Beidh an aimsir go breá ar ball. — *The weather will be fine later on.*

Bheadh sé anseo anois dá mbeadh an aimsir go maith. — *He would be here now if the weather were good.*

Bhíodh sí sa teach go minic anuraidh. — *She used be in the house often last year.*

Ní bheidh pingin fágtha agat. — *You won't have a penny left.*

Ní bheadh ionadh orm é a fheiceáil anseo go luath. — *I wouldn't be surprised to see him here soon.*

Ní bhíodh mórán daoine ann anuraidh. — *There used not be many people there last year.*

140

déarfaidís *they would say*

tagtha	*(has) come*	is cosúil	*it appears*
níor chuimhin liom	*I didn't remember*	roimh an gCáisc	*before Easter*

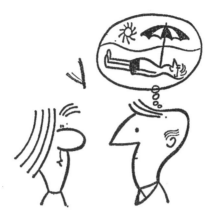

SOUR GRAPES

Pádraig tells Nóra that Tomás has arrived home.

PÁDRAIG   Feicim go bhfuil Tomás tagtha abhaile ón gcoláiste.
NÓRA   An bhfuil anois ? Nach luath atá sé tagtha i mbliana ?
PÁDRAIG   Bhí sé sa bhaile tamall maith roimh an gCáisc anuraidh freisin.
NÓRA   An raibh, maise ? Níor chuimhin liom é sin.
PÁDRAIG   Is cosúil go bhfaigheann siad laethanta saoire ag an am seo gach bliain.
NÓRA   Nach fada na laethanta saoire a bhíonn acu ! Chuirfidís éad ar dhuine.
PÁDRAIG   Déarfaidís féin nach bhfuil siad fada go leor, is dócha.

PÁDRAIG   *I see Tomás has come home from the college.*
NÓRA   *Has he now ? Hasn't he come early this year ?*
PÁDRAIG   *He was home a good while before Easter last year also.*
NÓRA   *Was he, indeed ? I didn't remember that.*
PÁDRAIG   *It appears they get holidays at this time every year.*
NÓRA   *Don't they have long holidays ! They'd make a person jealous.*
PÁDRAIG   *They themselves would say that they're not long enough, probably.*

141

bheimis	we would be
ní bheimis	we would not be

i mo chodladh	asleep (I)	i do chodladh	asleep (you)
ina chodladh	asleep (he)	ina codladh	asleep (she)
inár gcodladh	asleep (we)	ina gcodladh	asleep (they)

Ní bheinn i mo chodladh ag an am sin.

Ní bheifeá i do chodladh ag an am sin.

Ní bheadh sé ina chodladh ag an am sin.

Ní bheadh sí ina codladh ag an am sin.

Ní bheimis inár gcodladh ag an am sin.

Ní bheidís ina gcodladh ag an am sin.

Bheimis inár luí ar a deich a chlog.	We would be in bed at ten o'clock.
Bheimis inár suí ar a seacht ar maidin.	We would be up at seven in the morning.
Bheimis ar ár laethanta saoire ag an am sin.	We would be on holidays at that time.
Bheimis ag imirt cártaí dá mbeadh Seán anseo.	We would be playing cards if Seán were here.
Bheimis ag imirt gailf dá mbeadh an aimsir go maith.	We would be playing golf if the weather were good.
Bheimis níos luaithe murach gur bhris an carr.	We would be earlier if the car hadn't broken.

rachaimid *we shall go*

in am	*in time*	uathu féin	*of their own accord*
i ndiaidh	*after, past*	leath i ndiaidh	*half past*

A NIGHT OUT

Pádraig suddenly decides to take Nóra to the pictures.

PÁDRAIG Is dóigh liom go rachaimid go dtí na pictiúir, a Nóra.
NÓRA Nach deas an t-am a deir tú liom é! Ní bheimis in am anois.
PÁDRAIG Bheimis in am, cinnte. Níl sé ach leath i ndiaidh a seacht.
NÓRA Ach nílim réidh ar chor ar bith. Caithfidh mé gúna eile a chur orm.
PÁDRAIG Déan deifir, mar sin. Beimid in am, ceart go leor.
NÓRA Ach céard faoi na páistí? Níl siad ina gcodladh fós.
PÁDRAIG Rachaidh siad a chodladh uathu féin. Tá siad mór go leor anois.

PÁDRAIG *I think we'll go to the pictures, Nóra.*
NÓRA *Isn't it a nice time you tell me that! We wouldn't be in time now.*
PÁDRAIG *We would be in time, surely. It's only half past seven.*
NÓRA *But I'm not ready at all. I must put on a different frock.*
PÁDRAIG *Hurry up, then. We'll be in time, all right.*
NÓRA *But what about the children? They're not asleep yet.*
PÁDRAIG *They'll go to bed of their own accord. They're big enough now.*

143

FOCLÓIRÍN

Note : The word-list following is not a comprehensive vocabulary, it is merely a summary of words and phrases which have occurred in Lessons 1 to 130 of *Buntús Cainte*, with meanings and usages found in those lessons. Additional letters which are often inserted either before or after the initial letter of words in Irish are omitted in this list except in cases where such additional letters are an essential part of the word in question, e.g. the ' h ' in " bheadh " (" would be "), or the ' d ' in " d'ith " (" ate ").

The following explanation and table should help the learner to overcome any difficulty in using the word-list :—

Initial letters H, L, N, R are never subject to such changes.

Other letters may be subject to one or more of the following changes :

(i) eclipsis, e.g. *m*Bosca, *n*-Athair ;

(ii) aspiration, e.g. B*h*osca ;

(iii) prefixing of *t*-, e.g. *t*-Athair ;

(iv) prefixing of *h*, e.g. *h*Athair ;

(v) prefixing of *d'*, e.g. *d'*Ól, *d'*Fhanfadh.

Capital letters above and in the table following denote basic initial letters ; additional letters are denoted by italics.

Basic initial letters	Possible modifications				
	Eclipsis	Aspiration	t-	h	d'
A	*n*-A	—	*t*-A	*h*A	*d'*A
B	*m*B	B*h*	—	—	—
C	*g*C	C*h*	—	—	—
D	*n*D	D*h*	—	—	—
E	*n*-E	—	*t*-E	*h*E	*d'*E
F	*bh*F	F*h*	—	—	*d'*Fh
G	*n*G	G*h*	—	—	—
I	*n*-I	—	*t*-I	*h*I	*d'*I
M	—	M*h*	—	—	—
O	*n*-O	—	*t*-O	*h*O	*d'*O
P	*b*P	P*h*	—	—	—
S	—	S*h*	*t*S	—	—
T	*d*T	T*h*	—	—	—
U	*n*-U	—	*t*-U	*h*U	*d'*U

a

a *(word of address, e.g.)* a Sheáin!
Seán !

a *(used before numbers, e.g.)* a haon
one

a : a chlog *o'clock*

a : a chodladh *to sleep, to bed*

a *who, which, that*

a *his ;* a bhricfeasta *his breakfast*
her ; a bricfeasta *her breakfast*
their ; a mbricfeasta *their break-*
fast

a *to, e.g.* a chur *to put*

á : á dhéanamh *doing it, being done*

abair *say ;*
abair é ! *say it ! (you may say so !)*
abair leat ! *talk away !*
abair le N *tell N*

abhaile *home, homewards*

abhainn *river*

abhus *over here, on this side*

ach *but*

ach *except, only,;*
ach oiread *either*

acu *at them*

adhmad *timber*

ag *at ;*
tá X ag N *N has X*
bhí X ag N *N had X*
tá sé déanta ag N *N has done it*

ag *(used before words of action,*
corresponds to the English ending
" -ing ", e.g.) ag cur *putting,* ag
teacht *coming*

agaibh *at you (more than one)*

agaibhse *at you (emphatic)*

againn *at us*

againne *at us (emphatic)*

agam *at me ;*
tá X agam *I have X*

agat *at you*

aghaidh : le haghaidh *for*

agus *and*

aice : in aice *near*

aici *at her*

aicise *at her (emphatic)*

Aifreann *Mass ;*
ar Aifreann *to Mass, at Mass*

aige *at him*

aimsir *weather*

ainm *name*

aintín *aunt*

air *on it, for it, on him, for him*

airde *height ;*
in airde *up, above*

aire *attention, care*

airgead *money*

airgid *(of) money*

ais : ar ais *back*

ait *strange, odd*

áit *place ;*
cén áit ? *what place ? where ?*

áite *(of a) place*

áiteanna *(of) places*

aithne *recognition ;*
níl aithne agam ar N *I don't*
know N

aithníonn *recognises*

álainn *beautiful*

am *time ;*
am codlata *bedtime*

ama *(of) time*

amach *out*

amárach *tomorrow*

amháin *only, one*

amharclann *theatre*

amhrán *song*

amuigh *outside*

an *the*

an *(used before other words to ask a*
question, e.g.) an bhfuil ? *is ? are ?*
an ea ? *is it ?*

an- *very, e.g.* an-mhaith *very good*

anam *soul ;*
ar m'anam *on my soul*

ann *in it, there*

anocht *tonight*

anois *now*

anraith *soup*

anseo *here*

ansin *there*

anuraidh *last year*

Aoine (a) *Friday ;*
  Dé hAoine *on Friday*
aois *age ;*
  d'aois *of age*
aon *one, any*
aonach *fair*
aonar : i d'aonar *alone (you)*
aon déag *eleven*
ar *on ;*
  ar scoil *at school, to school*
  ar Aifreann *at Mass, to Mass*
ar : ar bith *in the world, at all ;*
    ar chor ar bith *at all, at all*
ar : ar ais *back*
ar *(joins phrases or sentences, e.g.)*
  cén t-am ar tháinig sé ? *what time
  did he come ?*
ar *(asks a question, e.g.)* ar tháinig
  sé ? *did he come ?*
ár *our*
aráin *(of) bread*
arán *bread*
aréir *last night*
argóint *argument, arguing, to argue*
arís *again*
as *out of*
asal *donkey*
atá *who (which, that) is, who (which,
  that) are*
athair *father*
áthas *joy, gladness*
athdhíolta *secondhand*

b

babhla *bowl*
bád *boat*
bagúin *(of) bacon*
bagún *bacon*
bail *prosperity ;*
  bail ó Dhia ort *God bless you*
baile *home ;*
  as baile *away from home*
  sa bhaile *at home*
  obair bhaile *home work*
baile *town ;*
  baile mór *town, big town*

bailte *(of) towns*
bain *take off, cut, reap, dig*
báinín *bawneen (white homespun
  cloth)*
bainne *milk*
baint *reaping, to reap, cutting, to cut,
  taking off, to take off ;*
    le baint *to reap, to be reaped, etc.*
bainte *reaped, dug, cut, taken off*
báisín *basin*
báite *drowned*
ball : ar ball *later on*
bán *white*
banaltra *nurse*
bananaí *bananas*
barr *top*
barúil *opinion, idea*
bás *death ;*
  fuair N bás *N died*
beadh : *see* bheadh
beag *small*
beaga *small (more than one)*
beagán *a little, some*
bealach *way, road*
bean *woman*
bean chéile *wife*
beidh *will be*
beifeá : *see* bheifeá
béile *meal*
beimid *we shall be*
beirt *two people ;*
  an bheirt acu *the two of them*
beo *alive ;*
  go beo *lively, quickly*
b'fhearr : b'fhearr liom *I'd prefer*
b'fhéidir *perhaps ;*
  b'fhéidir gur *perhaps it is*
  b'fhéidir leo *they could*
bheadh *would be*
bheidís *they would be*
bheifeá *you would be*
bheimis *we would be*
bheinn *I would be*
bheith *being, to be*
bhí *was, were*
bhídís *they used be*
bhíodh *was, were, used to be*
bhíomar *we were*

bhuaigh *won*
bí *be (one person)*
bia *food*
bídís : *see* bhídís
bígí *be (more than one person)*
bille *bill*
bím *I am (usually)*
bímid *we are (usually)*
bíodh *let there be (see also* bhíodh)
bíonn *is (usually)*
bith *world ;*
　ar bith *in the world*
　ar chor ar bith *at all, at all*
blas *taste*
blasta *nice (to taste), tasty*
bláthanna *flowers ;*
　roinnt bláthanna *some flowers*
bliain *year ;*
　le bliain *for a year past*
　an bhliain seo chugainn *next year*
　i mbliana *this year*
bliana *(of a) year*
　　　　years
blianta *years*
bó *cow*
bodhar *deaf*
bog *soft, easy*
boladh *smell*
bóna *collar*
bónaí *collars*
bonn *base, bottom, sole, tyre*
bord *table*
bosca *box*
bóthar *road*
braon *drop*
breá *fine*
breac *trout*
breise *extra*
bricfeasta *breakfast*
brioscaí *biscuits*
briseadh *change (money)*
briste *broken*
bríste *trousers*
bróga *boots, shoes*
brón *sorrow*
bruite *cooked*
b'shin —— *that was* ——
bua *victory, win*

buachaill *boy*
buachaillí *boys*
buail le *meet*
bualadh le *meeting, to meet*
buicéad *bucket*
buidéal *bottle*
builín *loaf*
builíní *loaves*
buille *blow, slap*
buíochais *(of) thanks*
buíochas *thanks*
bus *bus*

C

cá ? *where ?*
cá : cá mhéad ? *how much ?*
　how many ?
cabáiste *cabbage*
cáca *cake*
cácaí *cakes*
cad ? *what ? ;*
　cad as dó ? *where is he from ?*
caife *coffee*
cailín *girl*
cailíní *girls*
caillte *lost*
caint *talking, to talk ;*
　caint le *speaking to, to speak to*
caipín *cap*
caipíní *caps*
cairde *friends*
Cáisc *Easter*
cáise *(of) cheese*
caite *thrown, spent, wasted, worn out*
caith *throw, spend, waste, wear ;*
　caith toitín (tobac) *smoke a cigar-
　　ette (tobacco)*
caitheamh *throwing, to throw, etc.*
　(*see* caith)
caithfidh *will throw, will smoke, etc.*
　(see caith) ;
　　caithfidh N *N must*
caithfimid *we shall have to, we must*
camógaí *(of) camogie*
canna *can*

caoga *fifty*

caoi *opportunity, chance, way;*
cén chaoi? *what way? how?*

caoineadh *crying, to cry*

caoireoil *mutton*

caol *slender*

caora *sheep*

capall *horse*

cara *friend*

carr *car, motor-car*

carraig *rock*

cártaí *cards*

casadh *twisting, to twist*

Cásca *(of) Easter*

casóg *jacket*

cat *cat*

cathair *city*

cathaoir *chair*

cé *who*

ceacht *lesson*

ceachtanna *lessons*

cead *permission*

céad *hundred*

céad *first;*
an chéad N eile *the next N*

Céadaoin *(a) Wednesday;*
Dé Céadaoin *on Wednesday*

ceann *one (literally " a head ")*

ceann: go ceann *until the end (of)*
i gceann *at the end (of)*

céanna *same*

ceannach *buying, to buy;*
le ceannach *to buy, to be bought*

ceannóidh *will buy*

céard? *what?*

ceart *right;*
i gceart *right*
ba cheart dóibh *they should, they
ought to*

ceathair *four*

céile *mate, spouse, companion;*
bean chéile *wife*
mar a chéile *similar, the same*

céile: le chéile *together*

ceist *question;*
cuirfidh mé ceist *I'll ask*

ceithre *four*

cén *what is the, e.g.* cén fáth?

what is the reason? why?

ceo *fog*

ceoil *(of) music*

ceol *music;*
níl aon cheol aige *he can't sing*

ceolchoirm *concert*

chaith *threw, did — throw
spent, did — spend
used, wore, smoked, " had to "*

chaitheamar *we threw, we had to, etc.*
(see caith)

chaithfeadh *would throw, etc.* (see
caith)

cheana *already*

cheannaigh *bought, did — buy*

cheannófa *you would buy*

chomh *as, so (used before describing
words, e.g.)* chomh maith *as good,
as well, so good*

chonaic *saw*

chonaiceamar *we saw*

chuaigh *went, did — go*

chuala *heard, did — hear*

chualamar *we heard*

chugainn *to us;*
an N seo chugainn *next N*

chugam *to me*

chugat *to you*

chuig *to, towards*

chuige *to him, towards him*

chuir *put, did — put*

chuireamar *we put*

chuirfeadh *would put*

chuirfidís *they would put, send*

chun *to, towards
to, in order to*

cibé *whatever, anyway;*
cibé ar bith *anyway*

cinn *" ones " (literally " heads ");*
na cinn seo *these (" ones ")*

cinnte *surely, certainly*

cíos *rent*

cipín *match*

cipíní *matches*

ciseán *basket*

cistin *kitchen*

citeal *kettle*

ciúin *quiet*

cloch *stone*
clog *clock, bell*
cloiseann *hears*
cluas *ear*
cluiche *game*
cluichí *games*
cnámha *bones*
cnoc *hill*
cócó *cocoa*
codladh *sleep ;*
  a chodladh *to sleep*
  i mo (do, ina) chodladh *asleep*
  ina (inár) gcodladh *asleep*
codlata *of sleep ;*
  am codlata *bedtime*
cófra *press, cupboard*
coicíse *(of a) fortnight*
coinneáil *keeping, to keep*
coinnigh *keep*
coirce *oats*
cois *near, beside ;*
  cois farraige *at the seaside*
coláiste *college*
col ceathrar *first cousin*
comhairle *advice*
comharsa *neighbour*
comharsana *neighbours*
cónaí *residing, living ;*
  tá sé ina chónaí ann *he is living there*
  tá sí ina cónaí ann *she is living there*
  tá siad ina gcónaí ann *they are living there*
cónaí : i gcónaí *always*
cor : ar chor ar bith *at all, at all*
coróin *crown*
cos *foot*
cosán *path, footpath*
cosúil *like, similar ;*
  is cosúil *it appears*
cóta *coat ;*
  cóta mór *overcoat*
cótaí *coats ;*
  cótaí fearthainne *raincoats*
crann *tree*
creideann *believes*
creidfidh *will believe*

creidim *I believe*
críochnaithe *finished*
crua *hard, severe*
cruinniú *gathering, to gather
    collecting, to collect*
crúiscín *jug*
cruithneacht *wheat*
cuairt *visit ;*
  ar cuairt *on a visit*
  thugamar cuairt ar *we visited*
cuid *share, portion, some*
cuidiú *help
    helping, to help*
cúig *five*
cuimhin : is cuimhin liom *I remember*
    níor chuimhin liom *I didn't remember*
cuimhneamh *remembering, to remember ;*
  ag cuimhneamh ar *considering*
cuir *put, plant, sow, send ;*
  cuir ceist *ask a question*
  cuir leat ! *ask away !*
cuireadh *invitation*
cuireadh *was put*
cuireann *put(s)*
cuirfidh *will put*
cuirimid *we put (usually)*
cuma *appearance*
cuma : is cuma liom *I don't care*
    ba chuma liom *I didn't care*
    nach cuma dósan ? *isn't it a matter of indifference to him ?*
    ar aon chuma *anyway*
cupán *cup*
cúpla *couple*
cur *putting, to put, etc. (see cuir) ;*
  le cur *to plant, to be planted*
  ag cur air *troubling him*
curtha *put, sown, planted, sent*

d

d' *(used before some action words, e.g.)* d'imigh sé *he went,* d'éistfeadh *would listen*

dá *if*
dabht *doubt*
dada *nothing*
daichead *forty*
daidí *daddy*
dall *blind*
damhsa *dancing, to dance*
damhsa *dance*
damhsaí *dances*
dána *bold*
daoibh *to you, for you (more than one person) ;*
   Dia daoibh *God save you, good day*
daoine *people*
daor *dear*
dath *colour*
de *of, off*
de *of him (it), "off" him (it)*
Dé *(of) God*
Dé *(with names of the days of the week, e.g.)* Dé Luain *on Monday*
deacair *difficult, hard*
deachaigh : *see* dheachaigh
déag : aon déag *eleven*
     dó dhéag *twelve, etc.*
déan *make, do*
déanaí : le déanaí *lately*
déanamh *making, to make, doing, to do ;*
   á dhéanamh *doing (making) it*
déanamh *make, "brand"*
déanann *do, does ;*
   a dhéanann *who do(es)*
déanfaidh *will do, will make*
déanta *done, made*
Déardaoin *(a) Thursday, on Thursday*
déarfaidh *will say, will tell*
déarfaidís *they would say*
déarfainn *I would say*
dearmad *mistake ;*
   rinne N dearmad *N forgot*
dearna: ní dhearna *did not do (make)*
   an ndearna N? *did N do (make) ?*
deartháir *brother*
deas *nice*
deich *ten*

deifir *haste, hurry ;*
   deifir a dhéanamh *to make haste*
deimhin : go deimhin *indeed*
deir *says, do — say, does — say ;*
   an ndeir tú liom é ? *do you tell me so ?*
deireadh *end ;*
   deireadh seachtaine *week-end*
deireanach *late*
deirfiúr *sister*
d'éirigh *arose, got up*
deirim *I say*
deise : níos deise *nicer*
deisiú *mending, to mend ;*
   le deisiú *to mend, to be mended*
d'éist *listened*
d'éistfeadh *would listen*
deoch *drink*
d'fhág *left*
d'fhágamar *we left*
d'fhan *waited, stayed, remained*
d'fhanfadh *would stay, would wait*
d'fheicfeá *you would see ;*
   ní fheicfeá *you would not see*
   an bhfeicfeá ? *would you see ?*
dhá *two*
dheachaigh: ní dheachaigh *did not go*
dhéanfá *you would do, make*
dhéanfadh *would do, would make*
dhearnamar : ní dhearnamar *we didn't do, make*
dheas : ó dheas *towards the south*
di *to her, for her, "off" her*
Dia *God*
diaidh : i ndiaidh *after*
      i mo dhiaidh *after me*
      inár ndiaidh *after us*
d'iarr *asked*
d'imreodh *would play*
dinnéar *dinner*
dinnéir *(of) dinner*
d'inseodh *would tell*
díobh *of them, "off" them ;*
   níos mó díobh *more of them*
díol *selling, to sell ;*
   le díol *to sell, to be sold*
d'íosfadh *would eat*
díot *of you, "off" you (one person)*

díreach *straight, exactly ;*
  anois díreach *just now*
d'ith *ate*
do *to, for*
do *your (one person),* e.g. do bhric-
  feasta *your breakfast*
dó *to him, for him*
dó *two,* e.g. a dó *two (when counting)*
dócha : is dócha *probably, it is
  probable*
dochair *of harm*
dochar *harm*
dochtúir *doctor*
dó dhéag *twelve*
dóibh *to them, for them*
dóigh *likelihood, manner ;*
  is dóigh liom *I suppose*
  an dóigh leat ? *do you suppose ?*
  ar ndóigh *of course*
d'ól *drank*
d'ólfadh *would drink*
dom *to me, for me*
Domhnach *(a) Sunday ;*
  Dé Domhnaigh *on Sunday*
don *to the, for the*
dona *bad*
dorais *(of) door*
doras *door*
dorcha *dark*
dósan *to him, for him (emphatic)*
dóthain *enough*
drámaí *plays*
drisiúr *dresser*
dtí : go dtí *to, towards, until*
duine *person*
dúinn *to us*
dúirt *said*
dúiseacht *waking, to awaken*
duit *to you, for you (one person) ;*
  seo duit ! *here you are !*
dul *going, to go*

e

é *him, it ;*
  é sin *that (one)*
  é seo *this (one)*

ea *(it) ;*
  is ea *it is*
éad *jealousy*
éadaí *clothes*
éadaigh *of cloth ;*
  a chuid éadaigh *his clothes*
eagla *fear*
earrach *spring*
earraí *goods*
éigin *some*
eile *other, else*
éineacht : in éineacht le *in company
  with, along with*
éirí *rising, to rise, getting up, to get up*
éirigh *rise, get up ;*
  éirigh le *succeed*
éis : tar éis *after*
éisc *(of) fish*
éist *listen ;*
  d'éist *listened*
éisteacht *listening, to listen*
éistfeadh : *see* d'éistfeadh
eitleán *aeroplane*
eolas *knowledge, something learned ;*
  ar eolas *known (learned)*

f

faca : ní fhaca *did not see*
  an bhfaca N ? *did N see ?*
facamar : *see* fhacamar
fad : ar fad *altogether, entirely*
  i bhfad *long, far*
fada *long*
fada : le fada *for a long time*
fág *leave*
faide : níos faide *longer*
faigh *get*
faighfeá *you would get ;*
  sula bhfaighfeá *before you would get*
faighidh *will get*
faighimid *we get*
faighte *got*
fáil *getting, to get ;*
  le fáil *to get, to be got*
fáilte *welcome ;*
  fáilte romhat *you're welcome*

faitíos *timidity, shyness, fear*
fan *stay, wait*
fanacht *staying, to stay, waiting, to wait*
fanfadh : *see* d'fhanfadh
fanfaidh *will wait*
faoi *under, about*
faoin *under the, about the*
farraige *sea*
fás *growing, to grow*
fáth *cause, reason ;*
  cén fáth ? *what reason ? why ?*
féach (ar) *look (at)*
féachaint *looking, to look*
féachfaidh *will look*
feadh : ar feadh *during*
fear *man*
féar *grass*
fear an phoist *postman*
fearg *anger*
fearr : níos fearr *better*
  is fearr liom *I prefer*
  b'fhearr liom *I'd prefer*
  is fearr duit *it's better for you*
  níos fearr as *better off*
  ab fhearr *which would be better (best)*
fearthainn *rain*
fearthainne *(of) rain*
feiceáil *seeing, to see ;*
  le feiceáil *to see, to be seen*
  chun í a fheiceáil *to see her (it)*
feiceann *sees, does — see*
feicfeá : *see* d'fheicfeá
feicfidh *will see*
feicim *I see*
feicimid *we see*
féidir : is féidir le N *N can*
  ní féidir le N *N cannot*
  arbh fhéidir ? *could ?*
  níorbh fhéidir *could not*
  nárbh fhéidir ? *couldn't ?*
  b'fhéidir *perhaps*
féin *self;*
  tú féin *yourself*
féir *(of) grass ;*
  ag baint féir *cutting grass*
feirmeoir *farmer*

feoil *meat*
feola *(of) meat*
fhacamar : ní fhacamar *we didn't see*
fhág : níor fhág *didn't leave*
fiaclóir *dentist*
fiche *twenty*
fíon *wine*
fíor *true*
fios *knowledge ;*
  níl a fhios agam *I don't know*
fir *men*
fiú : is fiú *(it) is worth*
fliuch *wet*
focal *word ;*
  cúpla focal *a few words*
fochupán *saucer*
foghlaim *learning, to learn*
foighne *patience*
fóill : go fóill *yet, for a while yet*
foireann *team*
fómhar *autumn, harvest*
forc *fork*
fós *yet*
francaigh *rats*
freisin *also*
fuair *got, did — get*
fuaireamar *we got*
fuar *cold*
fuil : go bhfuil N *that N is (are)*
  nach bhfuil N *that N is (are) not*
  an bhfuil N ? *is (are) N ?*
fuinneog *window*
furasta *easy*

g

gabh *take, accept, go;*
  gabh mo leithscéal *I beg your pardon, excuse me*
gach *every*
gailf *(of) golf*
gairdín *garden*
galánta *elegant, fashionable*
gan *without*
gan *not to, e.g.* gan teacht *not to come*
gaoithe *(of) wind*

gaoth *wind*
garáiste *garage*
garda *guard*
gardaí *guards*
geal *bright*
gearrtha *cut*
geimhreadh *winter*
ghabhfadh *would take ;*
  ghabhfadh sé amhrán *he would sing a song*
gheobhaidh *will get*
gheofá *you would get*
ghlaoigh *called, did — call*
glan *clean*
glanadh *cleaning, to clean ;*
  á ghlanadh *cleaning it*
glanta *cleaned ;*
  glanta amach *cleaned out*
glas *green ;*
  deoch ghlas *a soft drink*
glasraí *vegetables*
gloine *glass*
glúin *knee*
gnó *business ;*
  déanfaidh sé gnó *it will do*
gnóthach *busy*
go *to*
go *(used before describing words, e.g.)*
  go deas *nice,* go maith *good*
go *that, e.g.* go raibh N *that N was*
go *may (expressing a wish) ;*
  go sábhála Dia sinn *may God save us*
go dtí *to, towards, as far as, until*
gorm *blue*
gortaithe *hurt, injured*
gréasaí *shoemaker*
gual *coal*
gúna *gown, frock, dress*
gur *that, e.g.* gur tháinig sé *that he came*

h

halla *hall, porch*
hata *hat*

i

i *in*
í *her, it*
iad *them*
iadsan *them (emphatic)*
iarr *ask ;*
  iarr air *ask him (for)*
  d'iarr *asked*
iarraidh *asking, to ask*
iasc *fish*
iascaireacht *fishing, to fish*
idir *between*
im *butter*
imeacht *going off (away), to go off (away)*
imigh *go off (away)*
  did — go off (away)
imíonn *goes off (away)*
imirt *playing, to play*
imithe *gone off (away)*
imreodh *would — play*
imríonn *play(s)*
in *in*
ina *in his, in her, in their (see a)*
iníon *daughter*
inis *tell*
inné *yesterday*
inniu *today*
inseoidh *will tell*
iomarca : *an iomarca too much*
ionadh *wonder, surprise ;*
  tá ionadh orm *I am surprised*
iontach *strange, wonderful*
iontu *in them*
is *is ;*
  is ea *it is*
is *and ;*
  bliain is caoga *a year and fifty =* fifty-one years
isteach *in (inwards)*
istigh *inside*
ite *eaten*
ith *eat*
  d'ith *ate*
ithe *eating, to eat*

l

lá *day*
labhair *spoke, did — speak*
labhródh *would speak*
laethanta *days*
lag *weak*
láidir *strong*
lámh *hand, arm ;*
   lámh thinn *a sore hand, arm*
lampa *lamp*
lán *full*
lán : a lán *many, a lot of*
lánsásta *well satisfied*
le *with, to, for*
le *as ;*
   chomh sean le *as old as*
le *to (be)*, e.g. le déanamh *to do, to be done*
     le fáil *to be got*
     le dul *to go*
leaba *bed*
leabhar *book*
leabharlann *library*
leadóige *(of) tennis*
leag *knocked down*
lean *continued*
léan *sorrow !*
   mo léan ! *alas !*
leanaí *children*
leanbh *child*
leann *ale*
leat *with you*
leath *half*
leathan *wide*
leathbhróg *one shoe (of a pair)*
léim *jump, jumping, to jump, jumped*
léine *shirt*
léir : go léir *all*
leis *with, with him (it)*
leithscéal *excuse*
leis-sean *with him (emphatic)*
leith : ar leith *particular, special*
leithéid *like kind ;*
   de mo leithéid *of my kind, like me*
lena *with his, her, their (see a)*

leo *with them*
leor : go leor *enough*
leoraí *lorry*
liathróid *ball*
libh *with you (more than one)*
linn *with us*
liom *with me ;*
   dúirt sé liom *he told me*
   cara liom *a friend of mine*
líomanáid *lemonade*
litir *letter*
lóin *(of) lunch*
lón *lunch*
long *ship*
lú : níos lú *smaller, less*
luach *price, value*
luaidhe : peann luaidhe *lead pencil*
luaithe : níos luaithe *sooner, earlier*
Luan *(a) Monday ;*
   Dé Luain *on Monday*
luath *soon, early*
luch *mouse*
lucha *mice*
luí *lying down ;*
   ag dul a luí *going to bed*

m

má *if*
mac *son*
madra *dog*
maidin *morning ;*
   ar maidin *this morning, in the morning*
maire : go maire tú é *may you live to wear it, well wear !*
Máirt *(a) Tuesday ;*
   Dé Máirt *on Tuesday*
mairteoil *beef*
maith *good !*
   is maith liom *I like*
   an maith leat ? *do you like ?*
   ní maith liom *I don't like*
   ar mhaith leat ? *would you like ?*
   ba mhaith liom *I'd like*
   níor mhaith liom *I wouldn't like*

nár mhaith dó ? *wouldn't it be good for him ?*
maith: go raibh maith agat *thank you*
mála *bag*
mall *late, slow*
mamaí *mammy*
mar *like, as ;*
mar sin *like that, so, therefore*
mar *because*
margadh *market*
más *if (it) is ;*
más é *if it is*
máthair *mother*
mé *I, me*
méad : cá mhéad ? *how much ? how many ?*
measa : níos measa *worse*
méid *amount, quantity, size*
mharaigh *killed, did — kill caught (a fish)*
mhothaigh *felt, did — feel*
milis *sweet*
milseán *sweet*
minic *often*
míosa *(of a) month*
mise *I, me (emphatic)*
misneach *courage*
miste : níor mhiste *it would be no harm*
mná *women*
mo *my, e.g.* mo bhricfeasta, *my breakfast*
mó : níos mó *bigger*
moch : go moch *early (in the morning)*
móna *(of) turf*
mór *big, large*
mórán *many, much*
muiceoil *pork*
múinteoir *teacher*
múinteoirí *teachers*
muintir *people*
Muire *(the Virgin) Mary*
mura(r) *unless*
murach *if not, were it not for, only for*

n

na *the (more than one), of the*
ná *(negatives an order, e.g.)* ná tabhair, *do not give*
ná *nor*
ná *than*
nach *(asks a negative question, e.g.)* nach bhfuil sé ? *isn't he ?*
nach *that (negative), e.g.* (deir sé) nach bhfuil *(he says) that (it) is not*
nach mór *almost*
naoi *nine*
nár *(asks a negative question, e.g.)* nár tháinig sé ? *didn't he come ?*
nár *that (negative), e.g.* (dúirt sé) nár tháinig sé *(he said) that he didn't come*
ní *(negatives a word, e.g.)* ní hea *no, it is not*
níl *is not, am not, are not*
nílim *I am not*
nílimid *we are not*
níochán *washing*
níor *(negatives an action word, e.g.)* níor tháinig *did not come*
níos *(used before describing words, e.g.)* níos fearr *better*
nócha *ninety*
nóiméad *minute*
nóiméid *(of a) minute*
Nollag *(of) Christmas ;* le haghaidh na Nollag *for Christmas*
nua *new*
nuair *when*

o

ó *from, since ;*
ó shin *since then*
obair *work*
obair *working, to work*
ocht *eight*
ochtó *eighty*
ocras *hunger*
óg *young*
oíche *night, one night*

155

oícheanta *nights*
óige : níos óige *younger*
oinniúin *onions*
oiread : ach oiread *either*
ól *drink, drinking, to drink;*
   d'ól *drank*
ólfaidh *will drink*
ólta *(has been) drunk*
ón *from the*
oraibh *on you (more than one person)*
orainn *on us*
oráistí *oranges*
orm *on me*
ort *on you*
orthu *on them*
ospidéal *hospital*

p

pá *pay*
paidreacha *prayers*
páipéar *paper*
páipéir *papers*
páirc *field, park*
páirceanna *fields, parks*
páiste *child*
páistí *children*
paróiste *parish;*
   sagart paróiste *parish priest*
peann *pen*
peann luaidhe *pencil*
peile *(of) football*
péint *paint*
phós *married*
pianta *pains*
pictiúir *pictures*
pictiúr *picture*
pictiúrlann *cinema*
pingin *penny*
pionta *pint*
píopa *pipe*
píosa *piece*
pláta *plate*
póca *pocket*
poist *(of the) post;*
   fear an phoist *postman*
poll *hole*

pórtar *porter*
pósadh *marriage, wedding;*
   marrying, to marry
post *position, job, post*
pósta *married*
prátaí *potatoes*
préachán *crow*
punt *pound*

r

rá *saying, to say;*
   á rá leis *telling him (that)*
rabhamar *were we, we were (not)*
rachadh *would go*
rachaidh *will go*
rachaimid *we shall go*
rachfá *you would go*
raibh *was, were*
   may be;
   go raibh maith agat *thank you*
   go raibh N *that N was, were*
   nach raibh N *that N was (were)
   not*
ráite *(has been) said*
ramhar *fat*
réal *sixpence*
réidh *ready*
reoite *frozen;*
   uachtar reoite *ice-cream*
riamh *ever, never*
rinne *did, made*
rinneamar *we did, we made*
rith *run, running, to run;*
   ran, did — run
ritheadh *used to run*
ritheann *runs*
ró- *too;*
   rómhaith *too good*
   rófhliuch *too wet*
   rómhór *too big*
rogha *choice*
roimh *before*
roimhe *before him (it);*
   roimhe seo *before this*
roimpi *before her (it)*

roinnt *a share, some ;*
  roinnt bláthanna *some flowers*
romhat *before you*
roth *wheel*
rud *thing*
ruda *(of a) thing*
rudaí *things*
rug *brought ;*
  rug N ar X *N caught X*

S

's = is *and*
sa *in the, into the*
sábhála *(may) save*
saghas *kind, sort*
sáirsint *sergeant*
salach *dirty*
samhradh *summer*
saoire : laethanta saoire *holidays*
saoire : níos saoire *cheaper*
saol *world, life, time*
saor *cheap*
sásamh *to satisfy*
Sasana *England*
Satharn *(a) Saturday ;*
  Dé Sathairn *on Saturday*
scairf *scarf*
scamaill *clouds*
scáthán *mirror*
scéal *story*
scéala *news*
scian *knife*
scilling *shilling*
scoil *school ;*
  ar scoil *at school, to school*
scoile *(of) school*
scríofa *written*
scrúdú *examination*
scútar *scooter*
sé *he, it*
sé *six*
seaca *(of) frost*
seacht *seven*
seachtain *week*
seachtaine *(of a) week*
seachtó *seventy*

sean- *old ;*
  seanchara *old friend*
seas *stand*
seasamh *standing, to stand*
seasca *sixty*
seic *cheque*
séipéal *chapel*
seisean *he (emphatic)*
seo *this, these*
seo ! *here !*
seomra *room ;*
  seomra bia *dining room*
  seomra codlata *bedroom*
  seomra folctha *bathroom*
  seomra suite *sittingroom*
shíl *thought, did — think*
shílfeá *you would think*
shiúil *walked, did — walk*
sí *she, it*
siad *they*
siar *towards the west*
sibh *you (more than one)*
síleann *thinks*
sílim *I think*
sin *that, those*
sine: níos sine *older*
sinn *we, us*
sioc *frost*
siopa *shop !*
  an tsiopa *(of) the shop*
siopadóir *shopkeeper*
síos *down, downward*
sise *she (emphatic)*
siúcra *sugar*
siúinéir *carpenter*
siúl *walking, to walk ;*
  ar siúl *going on*
siúlann *walks*
slaghdán *cold*
sláinte *health ;*
  an tsláinte *the health*
slán: slán agat *good-bye (one person)*
    slán leat *good-bye (one person)*
sliabh *mountain*
slua *crowd*
smaoineamh *thinking, to think*
smaoineamh *thought, idea*
sneachta *snow*

soir *towards the east*
solas *light*
spórt *sport, fun*
spúnóg *spoon*
sráid *street, village*
staighre *stairs*
stáisiún *station*
stampa *stamp*
stoca *stocking, sock*
stocaí *stockings, socks*
stoirm *storm*
stoirme *(of a)storm*
stól *stool*
stop *stop*
stopaigí *stop (more than one person)*
stór : a stór *my love*
suas *up, upward*
subh *jam*
súgradh *playing, to play*
suí *sitting, to sit*
suigh *sit*
súil *expectation, hope (literally "an eye")* ;
  tá súil agam *I hope*
  ag súil le *expecting*
suíochán *seat*
suipéar *supper*
sul : sul i bhfad *before long*
sula *before ;*
  sula bhfaighfeá *before you would get*
sular *before ;*
  sular tháinig sé *before he came*

t

tá *is, am, are*
tabhair *give ;*
  tabhair amach iad *deal them*
tábhairne : *see* teach tábhairne
tabhairt *giving, to give*
tabharfá : *see* thabharfá
tabharfaidh *will give*
tae *tea*
taephota *teapot*
tagaimid *we come*
tagann *comes*
tagtha *(has) come*

táilliúir *tailor*
táim *I am*
táimid *we are*
taispeáin *show*
talamh *ground, land*
tamaill *(of a) time, (of a) while ;*
  go ceann tamaill *(until) after a while*
tamall *(a) while, (a) time ;*
  tamall ó shin *a while ago*
  le tamall *for some time past*
tanaí *thin*
taobh *side*
tapa *quick, quickly*
tar *come*
tar : tar éis *after*
tarraing *pulling, to pull*
tart *thirst ;*
  tá tart orm *I'm thirsty*
te *hot*
teach *house*
teach ósta *hotel*
teacht *coming, to come*
teach tábhairne *public-house*
teachtaireacht *message*
teachtaireachtaí *messages*
téadh : *see* théadh ;
  an dtéadh N? *did N go? used N go?*
téann *goes*
téigh *go*
teileagram *telegram*
téimid *we go*
thabharfá *you would give*
thabharfadh *would give, would bring*
thagadh *used to come, came*
tháinig *came, did — come*
thall *over there, on the other side, yonder*
thángamar *we came*
thar *over, by ;*
  thar am *past time*
tharla *happened*
thart *over, by, past*
théadh *went, used to go*
thiar *over (west), west, beyond ;*
  taobh thiar *behind*
thiocfá *you would come*
thiocfadh *would come*
thiocfaidís *they would come*

thíos *below*
thit *fell, did — fall*
thóg *took, did — take*
thoir *over (east), east*
thosaigh *began, commenced*
thuaidh *north* ;
  ó thuaidh *towards the north*
thuas *above*
thug *gave, did — give, brought, did — bring*
thugamar *we gave, we brought*
tí *(of a) house* ;
  chun an tí *to the house*
timpeall *around, about*
tine *fire*
tinn *ill, sick*
tinneas *illness, sickness*
tinneas cinn *headache*
tinneas cluaise *earache*
tinneas cnámh *pains in the bones*
tinneas fiacaile *toothache*
tiocfá : *see* thiocfá
tiocfadh : *see* thiocfadh
tiocfaidh *will come*
tiomáineann *drives*
tiomáint *driving, to drive*
tirim *dry*
tithe *(of) houses*
tobac *tobacco*
tóg *take*
tógadh *was taken*
toil *will, pleasure* ;
  más é do thoil é *if you please*
toitín *cigarette*
toitíní *cigarettes*
tornapaí *turnips*
torthaí *fruit(s)*
tosaithe *begun*
tosóidh *will begin, commence*
trá *strand*
trácht *traffic*
traein *train*
trasna *across*
trátaí *tomatoes*
tráthnóna *evening* ;
  tráthnóna inniu *this evening*

trí *three*
trí *through*
tríocha *thirty*
triúr *three (persons)*
trom *heavy*
trua *pity* ;
  is trua sin *that's a pity*
tú *you (one person)*
tugann *gives, brings* ;
  céard a thugann air ? *what causes him (to) ?*
tuigeann *understands*
tuigim *I understand*
tuirseach *tired*
tusa *you (emphatic)*

U

uachtar *cream* ;
  uachtar reoite *ice-cream*
uaidh *from him* ;
  tá X uaidh *he wants X*
uaigneach *lonely*
uaim *from me* ;
  tá X uaim *I want X*
uair *time, hour* ;
  uair amháin *once*
  cén uair ? *when ?*
uaireanta *times, sometimes*
uait *from you* ;
  atá uait *that you want*
uaitse *from you (emphatic)*
uathu *from them* ;
  uathu féin *of their own accord*
úd *that, yonder*
uibheacha *eggs*
uirthi *on her*
uisce *water*
uisce beatha *whiskey*
uncail *uncle*
unsa *ounce*
úr *new, fresh*
urlár *floor*